Erste Hilfe bei Stress

- Sie sacken gerade in ein Leistungstief? Kommen Sie mit der Übung »Großes Strecken« (Seite 15) wieder in Schwung.
- Hektik, Stress und ein Meeting nach dem anderen? Werfen Sie zwischendurch einen Blick auf Ihren »Wasserfall« (Seite 60) oder gehen Sie an Ihren »Ort der Ruhe und der Kraft« (Seite 40) und finden Sie innere Ruhe und Gelassenheit.
- Fehlt Ihnen Motivation und Energie? Die Übung »Isometrischer Schnell-Check« (Seite 16) hilft Ihnen, geistig wieder aufzutanken.
- Sie sind angespannt und sitzen ganz verkrampft am Schreibtisch? Atmen (Seite 31) Sie ruhig aus und entspannen Sie Ihre Schultern.
- Müdigkeit und Mittagstief? Machen Sie doch einen »Sekundenschlaf« (Seite 92) oder nehmen Sie eine »Sauerstoffdusche« (Seite 93).
- Ein »Wohlfühl-Lächeln« (Seite 37) oder die »Farbentspannung« (Seite 42) helfen bei Anspannung und Stress.
- Haben Sie das Gefühl, dass Ihnen alles über den Kopf wächst? Klären Sie den Streitwert (Seite 43) und holen Sie sich Beistand (Seite 46).
- Sie fühlen sich belastet durch Ärger oder Streit? Mit den Übungen »Verzögerte Ausatmung« (Seite 30) und eine »Stille Phase« (Seite 87) nehmen Sie den Druck raus.

Robert Sonntag

Blitzschnell entspannt

80 verblüffend leichte Wege gegen Stress im Alltag

6 Liebe Leserinnen und liebe Leser

8 Einleitung
8 Was im Stress passiert
10 Entspannung ist die beste Medizin
10 Sie haben die Wahl und den Nutzen
11 Wie Sie rasch zur Ruhe kommen

13 Wie der Körper Entspannung schenkt

14 Körperliche Entspannung
15 Großes Strecken
16 Isometrischer Schnell-Check
19 Partielle Muskelentspannung
20 Muskel-Kurzentspannung
21 Progressive Muskelentspannung
23 Entspannungsbaumeln
24 Sich zentrieren
25 Standpunkt klären
26 Stufen-Entspannung
28 Fingerpuls-Feedback
29 Das Atmen zählen
30 Verzögerte Ausatmung
31 Ausatmen – Schultern runter
33 Shiatsu schenkt Entspannung in Sekunden

35 Denken und fühlen Sie sich gelassen

36 Mentale Entspannung
37 Wohlfühl-Lächeln
39 Wahrnehmungslenkung
40 Ort der Ruhe und der Kraft
42 Farbentspannung
43 Streitwert klären
44 So tun als ob – mental
46 Imaginativer Beistand
48 So tun als ob – real
49 Positive Selbstgespräche
51 Fragen stellen und entspannen
52 Positiv-Liste
53 Problem-Paket ins Schließfach
55 Problem verschieben
56 Im Weltraum entsorgt
58 Problem begraben
59 Periphere Selbstprogrammierung
60 Wasserfall genießen
62 Düfte entspannen
63 Ruhepunkt

67 Wenn's ganz schnell gehen muss

68 Schnelle Entspannung
69 Spürsinn
70 Christiaan-Barnard-Schnell-entspannung
71 Drei-Schritt-Selbstkontrolle

72 Singen	96 Wartezeiten überbrücken
73 Verlangsamen	98 Orte der Entspannung aufsuchen
75 Per Fingerdruck entspannt	98 Bei Musik entspannen I
76 Notfallpunkt	100 Bei Musik entspannen II
77 Abreaktion zur kurzfristigen Entlastung	102 Entspanntes Arbeitsende
78 Wahrnehmungslenkung in Akutsituationen	103 Start in den Feierabend
79 Glückseliger Blick in die Zukunft	104 Rückschau am Abend
80 Anti-Angst-Atmung	105 Vor dem Einschlafen
81 Ärger nach Plan	
83 Entspannungsbrille	

85 Zwischenzeiten zur Entspannung nutzen

86 Entspannung für zwischendurch

87 Stille Phase
88 Durchatmen
89 Augenblicke
89 Flach legen
90 Füße hoch
91 Schlafpause
92 Sekundenschlaf
93 Sauerstoffdusche
94 In Licht baden
95 Bewegen
96 Strichmännchen malen

107 Miteinander arbeiten und reden

108 Entspanntes Miteinander

109 Regelkreis des effektiven Arbeitens
110 Ziele helfen weiter
112 Prioritäten setzen
114 Leistungskurve beachten
115 Zeit planen
116 Kleine Arbeitstechniken
117 Störungen
119 Telefon
120 Gespräche ohne Stress
122 Fachchinesisch macht Stress
123 Positive Worte verwenden
124 Nein sagen
125 Mit Humor geht alles besser
125 Umgang mit schwierigen Menschen

127 Service

Liebe Leserinnen und liebe Leser

Ein Blick in Ihre Buchhandlung zeigt es: Literatur zum Thema Stressbewältigung und Entspannung gibt es zuhauf. Dort werden brauchbare Verfahren vorgestellt, mit denen Sie lernen können, sich zu entspannen. Allerdings setzen diese Methoden in der Regel einen längeren Übungsaufwand voraus, bevor sie ihre Wirkung zeigen.

Aber was tun Sie, wenn Sie im Augenblick weder Zeit noch Lust oder Gelegenheit haben, diese Techniken zu erlernen? Hier setzt dieses Buch an. Es bietet Ihnen eine Vielzahl von Wegen an, wie Sie in kurzer Zeit Ihre Entspannung finden können. Viele dieser Maßnahmen wirken sofort. Mit anderen sollten Sie ein paar Erfahrungen sammeln.

Im Mittelpunkt stehen Techniken, die Sie in Akutsituationen anwenden können. Unter Akutsituationen verstehe ich jene gefürchteten Augenblicke, in denen Sie in Stress geraten, aber am Ort des Geschehens bleiben müssen und doch schnell und zuverlässig wieder entspannt sein wollen. Denken Sie an schwierige Gespräche, Prüfungssituationen, Verhandlungen, öffentliche Auftritte usw.

Wenn Sie in Ihren Hobbykeller gehen, finden Sie dort verschiedenste Werkzeuge. Das eine Mal brauchen Sie einen Hammer, dann eine Zange. Bei anderer Gelegenheit suchen Sie einen Schraubendreher, wobei Ihnen vielleicht der kurze mit dem roten Plastikgriff besser in der Hand liegt als der lange mit dem Holzgriff.

So ähnlich verhält es sich mit Entspannungstechniken. Nicht jede Methode liegt Ihnen gleich gut »in der Hand«. Das eine Mal passt die eine Technik und in der nächsten Situation bevorzugen Sie die andere. Deshalb finden Sie hier eine Vielzahl von Vorschlägen. Erproben Sie sie. Schon bald werden Sie Ihre »Lieblings«-Strategien kennen und in Ihrem Alltag erfolgreich einsetzen.

Stellen Sie Ihren ganz persönlichen Werkzeugkoffer zusammen, der die Instrumente enthält, die am besten und wirkungsvollsten in Ihrem Alltag funktionieren.

Dabei wünsche ich Ihnen viel Erfolg.

R. Sonntag

Einleitung

Entspannung ist notwendig, da Anspannung auf Dauer nicht aus-
zuhalten ist. Weder Leistungsfähigkeit, Gesundheit noch Wohlbefinden bleiben stabil, wenn wir ständig angespannt sind.

Was im Stress passiert

Immer wenn wir Ereignisse als gefahr-
voll erleben, wird das sympathische
Nervensystem aktiviert: Der Herzschlag beschleunigt sich, die Muskeln
spannen sich an, die Atmung wird
schnell und flach, körpereigene Energie
wird bereitgestellt. Das abwägende,
prüfende, urteilende Denken, das uns
Menschen auszeichnet, wird blitzartig
blockiert. Für unsere Vorfahren war
dieser Reflex lebensnotwendig. Er
diente der blitzartigen Vorbereitung

auf einen Kampf oder auf die Flucht
vor feindlichen Tieren oder Menschen.
Heutige Stressbelastungen am Arbeitsplatz, im zwischenmenschlichen
Bereich, im Straßenverkehr usw. lassen
sich jedoch durch Kampf oder Flucht
in der Regel nicht lösen. Im Gegenteil:
Hier ist der körperliche Alarm hinder-
lich und gefährlich, weil er nicht durch
entsprechende Aktivität abgebaut wird.
Folglich schädigt er die Gesundheit,
schwächt das Leistungsvermögen,
beeinträchtigt das Wohlbefinden und
kann sogar lebensbedrohlich sein.

Auch am Arbeitsplatz hat Stress eine Reihe von negativen Auswirkungen, zum Beispiel: Zunahme der Fehlerhäufigkeit, Schwächung der Leistungsfähigkeit, Abbau der Motivation, Abnahme der Kreativität, Verminderung der Gedächtnisleistung, Beeinträchtigung des Betriebsklimas, Steigerung krankheitsbedingter Fehlzeiten.

Wir sprachen von der in grauer Vorzeit sinnvollen Blockade des Denkens als Teil des Stressmechanismus. Heute kann allein dieser Vorgang zu einem Fiasko führen. Unser Leben ist voll von kleinen und großen Prüfungssituationen. Das beginnt bereits in der Schule mit Klassenarbeiten, setzt sich mit Prüfungen und Examina aller Art

Stress schadet auf vielen Ebenen

Typische gesundheitliche Risiken des Stresses sind:

- Abnahme der Erholungsfähigkeit und deren Folgen
- Herz- und Kreislaufstörungen, Arteriosklerose, Herzinfarkt
- Belastungen und Erkrankungen der Atemwege
- Störungen und Erkrankungen im Magen-Darm-Bereich
- Anfälligkeit für Infektionskrankheiten aller Art
- rheumatische Erkrankungen
- Muskelverspannungen und Spannungskopfschmerzen
- Schlafstörungen
- andere psychosomatische Erkrankungen

Störungen im psychosozialen Bereich, die häufig bei Stress auftreten, können sein:

- allgemeine Gereiztheit und Aggressivität
- wachsende Konfliktbereitschaft
- Absinken des Selbstwertgefühls
- Verminderung der Durchsetzungsfähigkeit
- zunehmend negative Einstellung zur Arbeit und zum Leben
- Angstzustände und depressive Verstimmungen
- Kontaktscheu
- dauerndes sorgenvolles Grübeln

fort und endet noch längst nicht mit Gesprächen, Debatten, Verhandlungen, Präsentationen und öffentlichen Auftritten. Wenn ein Mensch in einer solchen Entscheidungs- und Prüfungssituation in Stress gerät und deshalb eine Denkblockade bekommt, dann hat er seine Chancen, diese Situation zu seinem Vorteil zu gestalten, bereits zu einem großen Teil verspielt.

Entspannung ist die beste Medizin

Sie sehen, es gibt genug Anlass, sich mit der Frage zu beschäftigen, was man gegen den täglichen Stress unternehmen kann, um gesund zu bleiben oder wieder zu werden. Seelisch stabil, ausgeglichen und belastbar zu sein, sich im Kontakt mit anderen Menschen wohl zu fühlen, leistungsfähig zu bleiben und in Entscheidungssituationen sein Bestes geben zu können, soll unser Ziel sein.

Die Grundfertigkeit im Kampf gegen den zerstörerischen Stress ist die Fähigkeit sich zu entspannen, denn:
* Wer angespannt ist, befindet sich nicht mehr im Gleichgewicht.

* Übergroße Anspannung kostet viel Energie. Wer stressbedingt unnötig Energie verbraucht, dem fehlt sie an anderer Stelle.
* Verspannungen blockieren das Denken und verhindern damit den Zugang zu wichtigen Kenntnissen, Fähigkeiten und Fertigkeiten. Wer ohne diese Ressourcen persönliche oder berufliche Ziele erreichen will, wird sich schwertun und wenig Erfolg haben.

Sie haben die Wahl und den Nutzen

Die Blitz- und Schnell-Entspannungstechniken sind in unterschiedlichen Stress-Situationen ratsam und sehr nützlich, zum Beispiel:
* im Umgang mit schwierigen Menschen;
* bei einer hektischen Sitzung, Versammlung oder Beratung;
* während einer wichtigen mündlichen oder schriftlichen Prüfung;
* beim Unterrichten, Präsentieren oder Referieren;
* im Verlauf hitziger Debatten oder Streitgespräche und in Konfliktsituationen;

- vor, während oder nach anstrengenden Arbeiten;
- bei einer kritischen Situation im Straßenverkehr;
- in Momenten, in denen sich Ängste, Blockaden, Erregungszustände und Spannungen zeigen;
- wenn die Konzentration, Gedächtnisleistung oder Schlagfertigkeit zu wünschen übrig lassen;
- in Phasen, in welchen die Zuversicht, Lebensfreude oder das allgemeine Wohlbefinden geschwächt sind;
- wenn Sie sich matt, erschöpft und ausgebrannt fühlen;
- bei Störungen des Lebensrhythmus, der inneren Harmonie und Ausgeglichenheit;
- wenn am Abend das Abschalten und das Ein- bzw. Durchschlafen nicht gelingen wollen.

Wie Sie rasch zur Ruhe kommen

Können Sie sich etwas Schöneres vorstellen, als den Reichtum unbegrenzter Zeit in vollen Zügen zu genießen? Nutzen Sie diese Chance, wann immer Sie sie haben.

Es ist bedauerlich, aber häufig ist unser Zeitbudget knapp bemessen. Ein paar Sekunden oder auch drei Minuten könnten wir uns schon abzwacken. Aber was lässt sich in einigen Sekunden oder Minuten schon erreichen? Eine ganze Menge. Das verspreche ich Ihnen.

Nimm dir Zeit, um zu arbeiten, es ist der Preis des Erfolges.
Nimm dir Zeit, um nachzudenken, es ist die Quelle der Kraft.
Nimm dir Zeit, um zu spielen, es ist das Geheimnis der Jugend.
Nimm dir Zeit, um zu lesen, es ist die Grundlage des Wissens.
Nimm dir Zeit, um freundlich zu sein, es ist das Tor zum Glücklichsein.
Nimm dir Zeit, um zu träumen, es ist der Weg zu den Sternen.
Nimm dir Zeit, um zu lieben, es ist die wahre Lebensfreude.
Nimm dir Zeit, um froh zu sein, es ist die Musik der Seele.

Wie der Körper Entspannung schenkt

Entspannung hat eine körperliche und eine mentale Seite. Entdecken Sie, wie Sie sich mit Körperübungen ganz nebenbei erfrischen und stärken.

Körperliche Entspannung

Stress erleben wir als einen geistig-seelischen Vorgang, indem wir eine Erfahrung als bedrohlich empfinden. Diese negative Deutung einer Situation löst dann körperliche Reaktionen aus.

Wir beobachten also eine Wechselwirkung zwischen unserer Denk- und Gefühlsebene und unseren körperlichen Funktionen. Das reicht von kurzzeitigen Muskelanspannungen bis zu chronischen Muskelverspannungen, vom kurzzeitig gehetzten Herzklopfen bis zum bedrohlichen Herzinfarkt.

Körper und Seele sind wie die beiden Seiten einer Medaille. Sie sind untrennbar miteinander verbunden und beeinflussen sich wechselseitig. So wie psychische Prozesse auf körperliche Befindlichkeiten einwirken, beeinflusst umgekehrt der Körper seelische Zustände.

In diesem Abschnitt werden Ihnen Techniken vorgestellt, bei denen Sie dadurch zur Ruhe kommen, dass Sie mit Ihrem Körper gezielt etwas tun.

Körperliche Entspannung 15

Großes Strecken

》 Lassen Sie Ihrem Körper frische Energie zukommen.

Unser Leben wird stark von biologischen Rhythmen bestimmt. Wir kennen den Herz-, den Puls- und den Atemrhythmus. Der Schlaf verläuft in einer wellenartigen Kurve, wobei Wellentäler von Wellenbergen abgelöst werden. Auch die Tagesleistungskurve zeigt dieses Auf und Ab. Immer dann, wenn wir uns im Hoch befinden, können wir viel leisten. Während der Tiefs sucht unser Organismus nach Ruhe und Entspannung. Sobald Sie das Bedürfnis haben, sich zu recken und zu strecken, sind Sie mit großer Wahrscheinlichkeit in einem solchen Tal. Kommen Sie dann nach Möglichkeit diesem Verlangen nach.

»Das große Strecken« ist eine sehr angenehme, fast meditative Technik. Sie schenkt Ihnen rasch Ruhe und Gelassenheit. Geben Sie sich ganz der Übung hin, die Sie aufmerksam, behutsam und mit harmonischen Bewegungen durchführen sollen. Schon nach wenigen Wiederholungen beherrschen Sie die Abfolge der Übung, die Sie dann als ganz natürlich empfinden werden. Übrigens ist sie auch außerhalb Ihrer Leistungstiefs nützlich.

So wird's gemacht

1. Stellen Sie sich aufrecht hin. Die Füße stehen parallel und schulterbreit auseinander. Die Knie sind nicht durchgedrückt, sondern ein klein wenig gebeugt. Die Arme hängen seitlich herunter. Rücken und Nacken bilden eine gerade Linie. Ihr Gewicht verlagern Sie in die Füße.

2. Heben Sie Ihre Hände vor dem Bauch. Stellen Sie sich vor, dass sie eine Schale bilden, in der sich frisches Wasser befindet.

3. Während Sie langsam einatmen und Ihre Beine strecken, führen Sie die Schale Ihrer Hände zum Mund. Stellen Sie sich vor, wie Sie einen Schluck von dem quellfrischen Wasser nehmen. Spüren Sie, wie es Ihren Körper belebt.

4. Nun beginnen Sie, langsam auszu-atmen, drehen dabei die Handflächen zunächst nach außen, strecken dann die Arme immer weiter in die Höhe, wobei die Schale sich wieder nach oben öffnet, bis Ihr Körper ganz gestreckt ist.

5. Gehen Sie zurück in die Ausgangs-position. Wiederholen Sie die Übung bis zu fünfmal. Gönnen Sie sich dann eine kleine Erholungspause oder fahren Sie mit Ihrer Arbeit fort.

Isometrischer Schnell-Check

》 Von Kopf bis Fuß locker und beweglich.

Die meisten Arbeiten – beruflich wie privat – belasten unseren Körper einseitig. Viele Menschen sitzen den ganzen Tag am Schreibtisch. Ande-re verbringen viele Stunden täglich hinterm Lenkrad. Verkäuferinnen sind von morgens bis abends auf den Beinen. Menschen am Computer sind in ihrer Körperhaltung fast erstarrt. In einigen Berufen muss schwer gehoben und getragen werden. All das führt fast unvermeidlich zu physischen Ermü-dungserscheinungen und Erschöp-fungszuständen.

Es bleibt leider nicht bei der körper-lichen Belastung. Auch das seelische Wohlbefinden leidet. Ein Telefonat folgt auf das andere. Eine Besprechung jagt die nächste. Vor Ihnen liegt eine Aufgabe, bei der Sie trotz größter An-strengungen nicht weiterkommen. Sie werden zunehmend nervös, lustlos und verdrossen. An ein effizientes Arbeiten ist unter diesen Umständen kaum noch zu denken.

In nur einer Minute kann der »Isomet-rische Schnell-Check« Ihnen helfen, wieder entspannt, munter und leis-tungsfähig zu sein. Nebenbei trainiert er Ihre körperliche Beweglichkeit und stärkt Ihre Gesundheit.

Führen Sie dieses Programm dann durch, wenn Sie Gelassenheit, Konzentration und Energie brauchen. Drei bis fünf Übungen täglich schenken Ihnen langfristig einen deutlichen Zuwachs an körperlicher und geistig-seelischer Frische.

Diese Übung finden Sie auf der CD: Track 7

So wird's gemacht

Stellen Sie sich aufrecht und locker hin. Die Füße haben einen guten Kontakt zum Boden. Die Schulterpartie ist entspannt. Die Arme hängen locker an den Seiten. Die Phase der Anspannung bei den folgenden Übungsteilen dauert etwa zwei Sekunden. Sorgen Sie für sanfte Übergänge zwischen Anspannen und Entspannen. Atmen Sie während der gesamten Übung normal weiter.

1. Stellen Sie sich auf die Zehen und nach zwei Sekunden wieder flach auf den Boden. Gleich darauf ziehen Sie die Zehen des linken Fußes so weit wie möglich nach oben, während die Ferse am Boden bleibt. Zurück in die Ausgangsstellung. Wiederholen mit dem rechten Fuß. Gehen Sie zurück in die Ausgangsposition.

2. Ziehen Sie das gebeugte Knie des linken Beins mit der linken Hand in Richtung Brust. Falls erforderlich, stützen Sie sich mit der freien Hand ab. Dann das Bein wieder abstellen. Wiederholen Sie die Übung mit dem rechten Bein und der rechten Hand. Zurück in die Startposition.

3. Ziehen Sie den linken Fuß mit der linken Hand nach hinten zum Gesäß. Das Knie wird dabei gebeugt. Zurück in die Ausgangsposition. Wiederholen Sie die Übung auf der rechten Seite. Zurück in die Ausgangshaltung.

4. Spannen Sie nacheinander folgende Muskelgruppen an, um sie nach zwei Sekunden loszulassen: Oberschenkel, Gesäßmuskeln, Blasenschließmuskel, Bauchmuskeln und Brustmuskulatur.

5. Spannen Sie den ganzen Oberkörper an, besonders die Brust- und Rückenmuskeln, so wie Tarzan beim großen Schrei. Wieder lösen.

6. Lassen Sie den Oberkörper ganz langsam, Wirbel für Wirbel, nach vorne sinken, bis die Hände entspannt den Boden berühren. Dann wieder behutsam, Wirbel für Wirbel, aufrichten.

7. Halten Sie die Hände vor die Brust und spreizen Sie die Finger weit auseinander. Lösen Sie die Spannung wieder.

8. Halten Sie die Hände vor die Brust und ballen Sie sie zu Fäusten. Stellen Sie sich vor, wie Sie in jeder Hand eine Walnuss zerbrechen. Entspannen Sie die Hände und lassen Sie die Arme wieder sinken.

9. Strecken Sie die Arme in Schulterhöhe waagerecht nach vorn und winkeln Sie die Hände zuerst nach unten ab, dann nach oben. Lockern und Arme sinken lassen.

10. Während der Kopf in seiner Position bleibt, ziehen Sie die Schultern möglichst weit nach oben. Gehen Sie wieder in die Ausgangshaltung.

11. Stellen Sie sich vor, Sie schieben mit den Händen in Brusthöhe einen schweren Gegenstand nach vorn weg, bis Ihre Arme ganz ausgestreckt sind. Zurück in die Ausgangsstellung.

12. Legen Sie die Handflächen vor der Brust flach gegeneinander und drücken Sie fest. Loslassen. Gleich anschließend verhaken Sie die Finger Ihrer Hände vor der Brust und ziehen Sie sie mit aller Kraft auseinander, ohne loszulassen. Dann lösen.

13. Drehen Sie den Kopf bis zum Anschlag nach links, dann nach rechts, dann zurück in die Ausgangsposition. Legen Sie das Kinn auf die Brust, dann zurück in die Grundposition. Drücken Sie den Kopf schließlich nach hinten, während die hinter ihm verschränkten Hände ihn nach vorn ziehen. Zurück in die Startposition.

14. Spannen Sie das Gesicht an und verzerren Sie es, wie bei einer starken körperlichen Anstrengung. Lassen Sie los und lächeln Sie entspannt.

Partielle Muskelentspannung

>> Entspannen Sie durch Anspannen.

Die »Partielle Muskelentspannung« erinnert an den »Isometrischen Schnell-Check«. Sie ist von der Progressiven Muskelentspannung nach Jacobson abgeleitet. Die »Partielle Muskelentspannung« können Sie in vielen Alltagssituationen mit Gewinn einsetzen: am Schreibtisch, im Flugzeug oder in der Eisenbahn ebenso wie beim Warten, in Besprechungen oder während eines Gesprächs. Ich wende sie gern im Auto an, wenn ich vor der roten Ampel warten muss. Sie haben die Wahl, wie viele und welche der folgenden Übungselemente Sie umsetzen. Entscheiden Sie nach Ihrem Bedürfnis und nach der Situation.

Geeignete Muskelgruppen sind:
- Armmuskeln: Hände zu Fäusten schließen und zur gleichen Zeit die Unterarme anspannen.
- Beinmuskeln: Ober- und Unterschenkel gleichzeitig anspannen.

- Schultermuskeln: Schultern in Richtung Ohren ziehen und den Kopf leicht nach hinten drücken.
- Halsmuskeln: Kopf so weit wie möglich nach links drehen, dann nach rechts.
- Gesäßmuskeln anspannen.

So wird's gemacht
Die Abfolge ist immer die gleiche:

1. Muskeln etwa zu 60 bis 80 Prozent des Möglichen anspannen. Dabei dürfen die Muskeln keinesfalls schmerzen.

2. Ganz normal weiteratmen oder weitersprechen.

3. Die Spannung rund 5 Sekunden lang auf diesem Niveau halten.

4. Die Spannung lösen und die Entspannung genießen.

Muskel-Kurzentspannung

》 Tiefgreifende Wirkung in Sekundenschnelle.

Auch sie ist von der Progressiven Muskelentspannung nach Jacobson abgeleitet und gelingt besonders gut, wenn man diese Methode beherrscht. Dann schenkt sie Ihnen in rund zehn Sekunden deutlich spürbare körperliche und geistig-seelische Entspannung. Die Muskel-Kurzentspannung hat als Sekundentechnik tiefgreifende Wirkungen. Sie führt häufig zu innerer Ruhe bei gleichzeitiger Aktivierung, zu Gelassenheit und zugleich kraftvoller Dynamik.

So wird's gemacht

1. Legen Sie sich bequem auf den Rücken. Notfalls können Sie die Übung auch auf einem Stuhl sitzend ausführen.

2. Spannen Sie rasch hintereinander, am besten sogar gleichzeitig, alle Muskeln dynamisch, aber nicht ruckartig an:

- Katzenbuckel machen
- Kopf in Richtung Brust drücken
- Arme anwinkeln und vor der Brust kreuzen
- Brustmuskeln anspannen
- Schultern hochziehen
- Rückenmuskeln anspannen
- Beine anziehen (bis unters Kinn)
- Bauch nach außen drücken
- Gesäß anspannen
- Gesichtsmuskeln anspannen

3. Während Sie normal weiteratmen, halten Sie diese Spannung etwa fünf Sekunden.

4. Jetzt lösen Sie die Spannung und genießen die Entspannung.

Körperliche Entspannung 21

Progressive Muskelentspannung

>> Der Klassiker, auf den Sie sich immer verlassen können,
wenn Sie Entspannung suchen.

Die Muskelentspannung ist eine der am meisten verbreiteten Entspannungsmethoden. Sie ist einfach zu erlernen und kann Sie tief entspannen. 1929 wurde sie erstmals von dem amerikanischen Physiologen Edmund Jacobson der Öffentlichkeit vorgestellt. Seine Leitidee beschrieb er mit dem Zitat: »Es gibt vielleicht kein allgemeineres Heilmittel als Ruhe.«

Bei der Progressiven Muskelentspannung geht es zunächst darum, die Muskelspannung willentlich und gezielt zu verringern. Dies führt anschließend zu einer geistig-seelischen Entspannung. Sie können dieses Verfahren in Akutsituationen einsetzen, um kurzfristig innere Ruhe zu finden. Langfristig gewinnen Sie stabile Gelassenheit, die auch in Stresssituationen anhält.

Wenn Sie sich für dieses Entspannungsverfahren entscheiden, sollten Sie es täglich einmal üben.

Diese Übung finden Sie auf der CD: Track 4

So wird's gemacht

1. Lockern Sie beengende Kleidungsstücke und finden Sie eine gute, entspannte, stabile Sitzposition.

2. Die Füße stehen flach auf dem Boden.

3. Die Schultern hängen locker herab und die Arme liegen entspannt.

4. Der Kopf ruht entweder an der Sessellehne oder sinkt locker nach vorn auf die Brust.

5. Nun schließen Sie sanft Ihre Augen. Nicht zukneifen, sondern weich und behutsam schließen. Sind Ihre Augen noch sehr wach, dann lassen Sie sie offen, bis sie sich von alleine schließen.

6. Bei der Muskelentspannung werden die jeweils angesprochenen Muskeln bis zu einer mittleren Stärke angespannt, dann wird die Spannung einige Sekunden lang aufrechterhalten und dann langsam gelöst. Die Atmung bleibt während der gesamten Übung gleichmäßig, ruhig und entspannt.

7. Ballen Sie beide Hände langsam zur Faust und spannen Sie gleichzeitig die Muskeln der Unterarme an. Halten Sie die Spannung einige Augenblicke. Lösen Sie sie dann und lassen Sie die Hände locker auf den Oberschenkeln ruhen.

8. Beugen Sie Ihre Arme so, dass die Hände auf den Schultern liegen. Spannen Sie die Muskeln der Oberarme an, wobei die Hände möglichst locker bleiben. Halten Sie die Spannung. Lösen Sie sie nach einigen Sekunden. Die Arme ruhen wieder auf den Oberschenkeln.

9. Pressen Sie die Lippen (nicht die Zähne) aufeinander, kneifen Sie die Augen zusammen, rümpfen Sie die Nase, runzeln Sie die Stirn. Halten Sie die Spannung einen Moment aufrecht. Dann lösen Sie sie.

10. Legen Sie den Kopf nach hinten, bis Sie im Nacken und in den Schultern eine deutliche Spannung spüren. Neigen Sie nun den Kopf erst zur rechten, dann zur linken Seite, und bringen Sie ihn anschließend wieder in die Ausgangsposition.

11. Ziehen Sie die Schultern ganz hoch – ohne den Kopf nach unten zu drücken. Halten Sie die Spannung ein Weilchen. Lassen Sie die Schultern dann wieder zurücksinken.

12. Kneifen Sie die Pobacken zusammen und spannen Sie gleichzeitig die Oberschenkel an. Halten Sie die Spannung einen Moment und lassen Sie wieder los.

13. Drücken Sie die Zehen fest nach unten und heben Sie gleichzeitig die Fersen an, sodass die Spannung in den Wadenmuskeln zu spüren ist. Halten Sie die Spannung kurz. Dann wieder loslassen.

14. Nun den ganzen Fuß aufsetzen und die Zehen nach oben ziehen. Einige Sekunden halten, dann loslassen.

Körperliche Entspannung   23

15. Und schließlich genießen Sie einige Augenblicke lang die Wirkungen dieser wohltuenden Entspannung.

16. Beenden Sie die Übung, indem Sie sich kräftig recken und strecken, dabei tief ein- und ausatmen, und dann die Augen öffnen.

Entspannungsbaumeln

》》 Pures Nichtstun lässt Spannungen vergessen.

Manchmal wünscht man sich eine Art von Entspannung, bei der man keinerlei Leistung zeigen muss, sondern ganz passiv und faul bleiben darf. Das sollte eine Übung sein, die – körperlich und geistig – aus purem Nichtstun besteht und ohne Regeln auskommt. Trotzdem soll sich in kurzer Zeit ein positiver Effekt zeigen. Das Entspannungsbaumeln ist hierfür ideal. Sie benötigen nicht mehr als einen Stuhl ohne Armlehnen.

So wird's gemacht

1. Setzen Sie sich verkehrt herum auf einen Stuhl mit einer steilen Rücken- lehne. Neigen Sie den Oberkörper vor, lassen Sie Kopf und Arme über die Lehne baumeln. Freuen Sie sich, wie mit dem Ausatmen alle Spannung Ihren Körper verlässt.

2. Spüren Sie, wie mit jedem Einatmen die Entspannung tiefer und wohliger wird. Genießen Sie diese Position, so- lange Sie mögen und sie Ihnen guttut.

3. Nachdem Sie sich wieder vom Stuhl erhoben haben, recken und strecken Sie Ihren Körper. Jetzt können Sie sich wie- der um die Dinge des Alltags kümmern.

Sich zentrieren

》 Finden Sie Ihre Mitte.

Es gibt Tage, da fühlen wir uns nicht im Gleichgewicht. Wir vermissen innere Stabilität, Klarheit und Bestimmtheit, können uns nicht gegen die Anforderungen zur Wehr setzen, die an uns herangetragen werden.

Wir möchten standhaft, eindeutig und mit dem Boden fest verwurzelt sein. Wir suchen unsere Mitte, die uns Halt gibt, aus der heraus wir klar entscheiden und kraftvoll handeln können.

In seiner Mitte sein ist sowohl eine körperliche Erfahrung als auch eine mentale Befindlichkeit. In diesem Zustand kann uns kaum eine Situation schrecken. Mit Elan und Zuversicht packen wir auch schwierige Aufgaben an. Wer in sich ruht und voller Lebenskraft ist, erfüllt auch eine entscheidende Voraussetzung für persönliches Wachstum und Selbstentfaltung.

So wird's gemacht

1. Stellen Sie sich aufrecht hin. Die Füße haben in Hüftbreite festen Kontakt zum Boden. Die Knie sind nicht durchgedrückt, sondern ein klein wenig gebeugt. Schließen Sie sanft die Augen.

2. Wandern Sie in Gedanken durch Ihren Körper. Spannen und entspannen Sie dabei nacheinander die Knie, die Gesäßmuskeln, den Bauch, die Brustmuskeln, die Schultern. Spüren Sie, wie sich diese Bereiche nach dem Loslassen der Spannung wohlig-gelöst anfühlen.

3. Achten Sie auf Ihren Atem. Sie spüren, wie mit jedem Ausatmen Spannung Ihren Körper verlässt und Sie dadurch immer tiefer in sich hineinsinken und entspannen.

4. Knapp unterhalb Ihres Nabels erwärmt in Ihrer Vorstellung ein zart und doch kräftig leuchtender Ball Bauch- und Beckenraum. Grenzenlose Energie

Körperliche Entspannung 25

fließt in einem breiten Strom in Ihr Zentrum und stärkt Sie.

gie in Ihrem Körper ausbreitet und ihn mit großer Kraft erfüllt.

5. Wenn Sie leicht mit dem Körper pendeln, spüren Sie, wie sich die Ener-

6. Öffnen Sie die Augen. Recken, strecken und dehnen Sie sich.

Standpunkt klären

>> Innerlich gefestigt durchsetzungsfähiger werden.

Wie Sie eine Situation erleben, eine Aufgabe beurteilen, auf andere Menschen wirken, ist auch eine Frage Ihres Standpunktes. Wo stehen Sie mit Ihren Absichten, Meinungen, Vorstellungen? Welche Position nehmen Sie gegenüber den Menschen ein, mit denen Sie täglich zu tun haben? Wie stehen Sie zu sich selbst?

Bei vielen Menschen ist der Standort wechselhaft. Mal stehen sie mit ihrer Meinung hier, im nächsten Augenblick ganz woanders. Sie scheinen wenig stabil, eher zu den wetterwendischen Zeitgenossen zu gehören. Sie sind leicht zu bewegen und fallen beim leisesten Gegenwind um.

Menschen ohne einen klaren, verlässlichen Standpunkt sind anfällig für negative Stressreize. Deshalb sind sie Unwettern hilflos ausgeliefert. Ein stabiler Standort ist zudem eine Voraussetzung für persönliche Entwicklung. Ein Baum, der alle paar Tage verpflanzt wird, kann nicht wachsen und gedeihen. Er bleibt kümmerlich oder geht ein.

Die Übung »Standpunkt klären« kann Ihnen helfen, innere Festigkeit zu finden. Sie werden in Auseinandersetzungen durchsetzungsfähiger, in Verhandlungen entschiedener und beim Sprechen vor großen Gruppen selbstbewusster sein. Regelmäßiges Üben führt dazu, dass es Ihnen immer besser gelingt, Ihren Standpunkt zu erkennen und ihn standhaft zu vertreten.

Diese Übung finden Sie auf der CD: Track 9

So wird's gemacht

1. Stellen Sie sich aufrecht hin. Die Füße stehen hüftbreit auseinander und haben festen Kontakt zum Boden. Beide Füße sind gleich stark belastet. Spannen Sie die Kniegelenke kurz an und entspannen Sie sie. Bleiben Sie mit leicht gebeugten Knien stehen. Zählen Sie in Gedanken bis 15.

2. Schalten Sie auf ein verzögertes Ausatmen um, indem Sie gegen den Widerstand der fast geschlossenen Lippen ausatmen. Tun Sie das, bis Sie spüren, wie Ihre Atmung sich beruhigt und tiefer wird. Zählen Sie, während Sie ausatmen, bis 15.

3. Machen Sie sich bewusst, wie Ihre Füße fest mit dem Boden verwurzelt sind. Nichts und niemand kann Sie umwerfen. Sie stehen so fest wie ein Fels in der Brandung. Zählen Sie in Gedanken bis 15.

4. Stellen Sie sich einen dünnen, festen Faden vor, der oben an Ihrem Kopf befestigt ist. Spüren Sie, wie Sie dieser Faden nach oben zieht, Ihren Körper entlang der Wirbelsäule streckt, bis Sie gerade aufgerichtet stehen. Zählen Sie in Gedanken bis 15.

5. Beenden Sie die Übung.

Stufen-Entspannung

>> Ist die Seele ruhig, so wird auch der Körper bald beruhigt.
(Novalis, 1772–1801)

Wir kennen ganz unterschiedliche Zustände der Entspannung: im Konzert, bei der Beschäftigung mit unserem Hobby, kurz vor dem Einschlafen, beim

Spazierengehen, beim Tagträumen usw. Zu jeder Situation gehört im Grunde genommen ihre jeweils eigene Entspannung.

Das Besondere der »Stufen-Entspannung« besteht darin, dass Sie während der Übung genau den Prozess verfolgen können, der Sie stufenweise in eine entspannte Verfassung führt. Auf diese Weise können Sie festlegen, in welcher Situation Sie welches Maß und welche Ausprägung an Entspannung brauchen.

Die »Stufen-Entspannung« hat den zusätzlichen Vorteil, dass sich ihre Dauer klar bemessen lässt. Spätestens, wenn Sie die letzte Stufe erreicht haben, beschließen Sie die Übung.

So wird's gemacht

1. Die Stufen-Entspannung schreibt keine bestimmte Körperhaltung vor. Machen Sie es sich sitzend oder liegend bequem. Nur eines ist wichtig: Das Atmen sollte ungehindert und mühelos möglich sein.

2. Schließen Sie sanft Ihre Augen. Atmen Sie zweimal tief ein und aus. Lassen Sie mit dem Ausatmen die Schultern nach unten sinken.

3. Atmen Sie jetzt tief ein. Während Sie ausatmen, gehen Sie in Ihrer Vorstellung Treppenstufen abwärts, die Sie in eine immer tiefere Entspannung hineinführen, zum Beispiel zählen Sie rückwärts
– von 5 bis 1 und gehen dabei 5 Stufen einer Treppe hinunter; unten angekommen, sind Sie vollkommen entspannt;
– von 10 bis 1 und fahren dabei auf einer Rolltreppe zehn Stockwerke abwärts, bis Sie schließlich tief entspannt in einer lichtdurchfluteten Halle ankommen, in der Sie die Entspannung genießen.

4. Sie brauchen nicht in jedem Fall bis zur Stufe 1 zu kommen, sondern können auf der Stufe haltmachen, auf der Sie Ihre Wunsch-Entspannung erreicht haben.

Fingerpuls-Feedback

》 Fühlen Sie die Entspannung.

Feedback, d. h. Rückmeldung, bezeichnet einen Vorgang, bei dem ein Geschehen dadurch beeinflusst wird, dass es auf seine eigenen Auswirkungen reagiert. Von Biofeedback spricht man, wenn es sich hierbei um Vorgänge auf der biologischen Ebene handelt. Feedback findet z. B. statt, wenn Sie ein schwieriges Gespräch führen, plötzlich spüren, wie Ihr Herz vor Nervosität heftig klopft und dadurch, dass Ihnen dies bewusst wird, Ihre Unruhe und damit auch das Herzklopfen noch gesteigert werden.

Gott sei Dank können Sie Ihre körperlichen Reaktionen auch für ein positives und sehr wirkungsvolles Biofeedback-Training nutzen. Dabei kommt es darauf an, sich dadurch zu entspannen, dass man bestimmte Körpersignale empfängt und sie zu beeinflussen lernt. Sobald sich die Signale in der gewünschten Richtung verändern, ist das ein Hinweis darauf, dass Sie auf dem Weg zur Entspannung sind. Auf diese

Weise können Sie nicht nur rasch Ruhe finden, sondern auch Ihre Sensibilität für innere Vorgänge trainieren. Voraussetzung für das Einüben dieser Technik ist jedoch, dass Sie für ein bis drei Minuten nicht gestört werden und sich ganz auf Ihren Körper konzentrieren können.

So wird's gemacht

1. Legen Sie die Hände so zusammen, dass alle fünf Fingerkuppenpaare Kontakt zueinander haben, also die Kuppen der beiden kleinen Finger, die der Zeigefinger usw.

2. Verändern Sie den Druck so lange, bis Sie an den Kontaktflächen Ihren Puls fühlen.

3. Atmen Sie ruhig und gleichmäßig, wobei Sie die Betonung auf die Ausatmung lenken.

4. Sie werden Ihren Puls nach und nach immer deutlicher spüren und er

Körperliche Entspannung

wird, zunächst kaum wahrnehmbar, seine Schlagfrequenz verlangsamen. Dann wissen Sie, dass Sie sich auf dem Weg der Entspannung befinden und innere Ruhe finden.

5. Unterstützen Sie diesen Prozess, indem Sie beim Ausatmen jeweils von 1 bis 10 zählen. Setzen Sie diese Übung etwa drei Minuten lang fort, ohne dabei auf die Uhr zu schauen.

Das Atmen zählen

>> Sammeln Sie mit dieser Übung neue Kraft und Konzentration.

Das Zählen der Atmung führt zunächst dazu, dass sich Ihre Aufmerksamkeit und damit Ihre Gedanken von belastenden und kräftezehrenden Themen des Alltags abwenden. So unterbrechen Sie Ihr wenig produktives Grübeln. Ihre Konzentration wird auf den Atem gelenkt, einen neutralen Vorgang, der gleichzeitig Leben und Wachstum symbolisiert.

Indem Sie sich von bedrückenden Fragen lösen, erhält Ihr Organismus die Chance, sich zu erholen und neue Kraft zu sammeln. Wenn Sie entspannt sind, gewinnen Sie eine gesunde Distanz zu Ihren Sorgen und Nöten. Dieser Abstand wird es Ihnen erleichtern,

brauchbare Lösungen für Ihre Probleme zu finden. Sie sehen: Das »Atmen zählen« ist mehr als eine Entspannungstechnik. Es ist auch ein Energiespender.

So wird's gemacht

1. Zählen Sie Ihre Atemzüge von eins bis zehn und beginnen Sie dann wieder von vorn.
1 = einatmen
2 = ausatmen
3 = einatmen
usw. bis 10 = ausatmen
Sie konzentrieren sich anhaltend auf Ihre Atmung. Wenn Sie wegen eines störenden Gedankens oder aus einem anderen Grund »aus dem Tritt« kommen, beginnen Sie wieder bei eins.

2. Wenn es Ihnen gut gelingt, mehrere Male ohne Unterbrechung von 1 nach 10 zählend Ihre Atmung zu beobachten, dann lassen Sie das Zählen weg. Nehmen Sie jetzt nur noch Ihren Atemstrom wahr, wie er in die Nase und durch die Luftröhre strömt und dann die Lungen mehr und mehr füllt. Beim Ausatmen verfolgen Sie das Geschehen in umgekehrter Richtung. Bleiben Sie mehrere Atemzüge auch bei diesem zweiten Teil der Übung.

Verzögerte Ausatmung

>> Ruhige Ausatmung ist der beste Stress- und Nervositätskiller.

Mit dieser Methode können Sie sich sehr schnell entspannen, sich von Müdigkeit erholen, Angst abbauen und Stressreaktionen verringern. Die »verzögerte Ausatmung« schenkt innere Harmonie und Ausgeglichenheit.

Die »verzögerte Ausatmung« oder PT-Ausatmung (= protrahierte Ausatmung) lässt sich auch in akuten Stressphasen erfolgreich einsetzen, zum Beispiel unmittelbar vor Prüfungen, während eines belastenden Gesprächs oder beim Autofahren, wobei dann die Augen selbstverständlich geöffnet bleiben.

Die Ergebnisse, die mit der »verzögerten Ausatmung« erzielt werden können, machen die ganzheitliche Wirkung dieses Verfahrens deutlich:

- Die Atmung wird ruhiger. Dadurch wird auch der Übende ruhiger und bleibt es künftig auch in Stress-Situationen.
- Die entspannte Atmung führt zu einer Entspannung des gesamten Organismus.
- Durch die Hinwendung der Aufmerksamkeit auf die Atmung löst sich der Übende von seinen Alltagssorgen und findet zu sich selbst.

Körperliche Entspannung 31

- Ängste, auch Prüfungsängste und Lampenfieber, können abgebaut bzw. vermieden werden.

So wird's gemacht

1. Setzen Sie sich aufrecht und locker auf einen Stuhl. Stellen Sie die Füße flach auf den Boden. Legen Sie die Handflächen leicht auf die Oberschenkel. Schließen Sie sanft die Augen.

2. Atmen Sie normal ein, ohne diesen Vorgang in irgendeiner Weise aktiv zu steuern. Nach dem Einatmen atmen Sie ohne Pause sogleich ganz langsam wieder aus.

3. Die Ausatmung – und darauf kommt es entscheidend an – wird gezügelt. Sie erfolgt bei der FT-Atmung langsamer als beim herkömmlichen Ausatmen. So dauert das Ausatmen deutlich länger als das Einatmen.

4. Nach dem Ausatmen ergibt sich von selbst eine kleine Pause, bevor erneut das automatische Einatmen beginnt.

5. Nach ein bis zwei Minuten beenden Sie die Übung, indem Sie sich recken und strecken, tief ein- und ausatmen und schließlich die Augen langsam öffnen.

Ausatmen – Schultern runter

》 Entspannte Haltung – entspannter Geist.

Achten Sie einmal darauf, wie Sie reagieren, wenn Sie sich erschrecken, sich körperlich oder seelisch angegriffen fühlen oder aus einem anderen Grund in Stress geraten. Mindestens zwei blitzartig ablaufende Reflexe werden Ihnen auffallen:

1. Sie atmen schnell ein, schnappen nach Luft und halten danach den Atem an.

2. Sie spannen Ihre Muskeln an, so als wollten Sie gleich eine große Kraftanstrengung vollbringen, um der Bedro-

hung durch Flucht zu entkommen oder einen Gegner im Kampf zu bezwingen.

Wenn wir die Situation durch körperlichen Kampf oder Flucht bereinigen könnten, wäre diese Reaktion nützlich. Heute ist das so gut wie nicht mehr möglich. Deshalb ist dieser Reflex schädlich, denn er führt dazu, dass

- der Kalziumspiegel abfällt und dadurch unsere emotionale Empfindlichkeit zunimmt;
- sich die Kohlendioxid-Konzentration im Blut erhöht, was zu einer Verengung der Blutgefäße führt;
- sich die Versorgung des Körpers mit Sauerstoff verschlechtert;
- die übermäßige Anspannung der Muskulatur vorzeitig Müdigkeit und damit ein Absinken der Leistungskraft auslöst;
- die Panzerung der Muskulatur letztendlich auch das Denken blockiert und damit rationales Handeln erschwert oder gar unmöglich macht.

Üben Sie deshalb anstelle des alten Reflexes einen neuen ein, der Ihnen hilft, sich in Stress-Situationen nicht verunsichert und überspannt, sondern locker, stark und sicher zu fühlen.

So wird's gemacht

1. Schreiben Sie auf einen kleinen Zettel die Aufforderung: »Ausatmen und Schultern runter!«. Plazieren Sie ihn so, dass er sich im normalen Tagesablauf in Ihrem Blickfeld befindet. Wenn Sie nicht wollen, dass Menschen in Ihrer Umgebung den Text entziffern können, kodieren Sie die Anweisung und notieren Sie allein die Anfangsbuchstaben der drei Worte »ASR«.

2. Sobald eine Stress-Situation eintritt und Ihnen bewusst wird, atmen Sie betont aus und lassen gleichzeitig die Schultern locker und entspannt nach unten fallen. Sie sollen das Gefühl haben, als hingen Ihre Schultern und Arme wie zwei Sandsäcke an Ihnen herab.

3. Üben Sie diese Reaktion so lange, bis Sie in Stressmomenten reflexartig und ohne nachzudenken ausatmen und die Schultern fallen lassen. Die Notiz hilft Ihnen, Ihr Unbewusstes rasch auf diese positive Reaktion zu programmieren, sodass sie in der Zukunft ganz von selbst abläuft. Auf diese Weise haben Sie den Spieß umgedreht, denn ab jetzt werden Sie durch Stress-Situationen entspannt.

Körperliche Entspannung   33

Shiatsu schenkt Entspannung in Sekunden

>> Geben Sie Ihrem Körper Kraft und Energie
und bauen Sie inneren Druck ab.

Gehören Sie auch zu den Menschen, denen es nicht gelingen will, am Abend abzuschalten und zur Ruhe zu kommen? Shiatsu-Übungen helfen Ihnen, sich auf natürliche Weise zu entspannen und zu erholen. Sie brauchen dafür täglich nur 60 Sekunden.

Shiatsu – die heilenden Finger (shi = Finger, atsu = Druck) – ist eine universelle Therapie. Sie lässt sich gegen Nervosität, Stress, schlechte Laune, Müdigkeit und Schlaflosigkeit einsetzen. Selbst zur begleitenden Behandlung schwerer Erkrankungen wird sie mit Erfolg angewandt. Es gibt zwei Arten von Shiatsu-Massage. Die Massage im Uhrzeigersinn gibt Ihrem Körper Kraft und Energie zurück. Wenn Sie gegen den Uhrzeigersinn massieren, wird innerer Druck abgebaut und Sie entspannen sich. Ganz nebenbei kommt es zur Verbesserung der Blutzirkulation bis in die Fingerspitzen.

So wird's gemacht

1. Pulsmassage:
Sie legen die Finger Ihrer linken Hand auf die Innenseite Ihres rechten Handgelenks. Gegen den Uhrzeigersinn massieren Sie es mit den Fingerkuppen 15 Sekunden. Dann das linke Handgelenk.

2. Kopfmassage:
Legen Sie beide Hände so auf den Scheitelpunkt Ihres Kopfes, dass sich die Fingerspitzen von Mittel- und Ringfinger beider Hände fast berühren. Die Finger sind leicht gespreizt. Massieren Sie 15 Sekunden lang im Uhrzeigersinn die Kopfhaut. Kurz entspannen. Dann noch einmal.

3. Druckmassage:
Sie finden den Druckpunkt zwischen Daumen und Zeigefinger des Handrückens. Mit der Kuppe des Mittelfingers Ihrer linken Hand drücken Sie diesen Punkt an der rechten Hand 30 Sekunden lang. Dann wechseln Sie die Seiten.

Denken und fühlen Sie sich gelassen

Finden Sie auch durch mentale Tricks Entspannung.
Werden Sie ruhiger und gelassener.

Mentale Entspannung

Denken heißt, in seinem Inneren Selbstgespräche führen, Bilder produzieren und wahrnehmen, Stimmen und andere Geräusche hören oder mental Handlungen ausführen.

Denken ist also eine sehr lebendige und sinnenfrohe Angelegenheit. Es löst Gefühle aus, Angst oder Mut, Verzagtheit oder Zuversicht, Unruhe oder Gelassenheit.

Gedanken können schwach machen oder Stärke verleihen, sie können einen klein oder groß sein lassen. Gedanken können kümmerliche Handlungen mühsam in Gang setzen oder großen Taten kraftvoll vorausgehen.

Denn das Denken steuert das Verhalten.

Stress wird dadurch ausgelöst, dass wir Wahrnehmungen als bedrohlich deuten. Unser Partner ist schon seit Stunden überfällig. Das macht uns Sorgen, also Stress. Ein Gesprächspartner schaut uns mit finsterer Miene an. Wir werden unsicher und erleben Stress. Der Chef kritisiert uns. Wir bekommen Schuldgefühle, also Stress.

Wenn es uns gelänge, diese Situationen neutral oder sogar positiv zu deuten, hätten wir nicht nur keinen Stress, wir fühlten uns vielleicht besser als zuvor.

Mentale Entspannung

Solange unser Partner noch nicht da ist, haben wir Zeit, in Ruhe ein Buch zu lesen. Den finster dreinschauenden Gesprächspartner empfinde ich als Herausforderung. Denn ich bin Profi im Umgang mit schwierigen Menschen. Wenn mich mein Chef kritisiert, dann zeigt er, dass er Interesse an mir hat.

Außerdem ist das eine Chance, etwas zu verbessern.

Lernen Sie in diesem Kapitel Techniken kennen, um Ihre Denk- und Gefühls-ebene zu beeinflussen und auf diesem Weg rasch Entspannung zu finden.

Wohlfühl-Lächeln

>> Ein Lächeln macht jede Situation harmonischer.

Der Volksmund weiß es: »Lachen ist die beste Medizin.« Spätestens wenn Sie sich die angespannten, verkniffenen und nicht gerade gesund wirkenden Gesichter von gestressten Menschen vor Augen führen, wird Ihnen diese Wahrheit in ihrem Umkehrschluss be-wusst. Wie wohltuend ist dagegen ein freundliches, entspanntes und lächeln-des Gesicht! Lächeln befreit, macht seelisch stabil, stärkt die Aufmerksam-keit und das Selbstbewusstsein.

Einem Menschen, der lächelt, kann man kaum böse sein. Er vermeidet oder

entschärft angespannte Situationen. Freundlichkeit ausstrahlende Menschen tun sich viel leichter, ihre Wünsche durchzusetzen. Man ist eher geneigt, ihnen zuzuhören und ihr Anliegen wohlwollend zu prüfen. Trotzdem nei-gen wir häufig zu verbissenen, kräfte-raubenden und vielfach widersinnigen Kämpfen.

Die positiven Wirkungen des Lächelns können Sie selbst dann ernten, wenn Ihnen nicht nach Lächeln zumute ist. Augenblicke, in denen einem das Lachen vergangen ist, kennt der Alltag zur Genüge. Lassen Sie sich nicht durch Wut und Ärger den Tag vermiesen. Das zunächst künstliche »Wohlfühl-Lächeln« sorgt dafür, dass Sie sich in spätestens 90 Sekunden entspannt, gelassen und gut gelaunt erleben. Tatsächlich.

Säuglingen kneift man zart in die Wangen, wenn sie quengelig sind. Man möchte, dass sie lächeln und es ihnen wieder gut geht. Die Wirkung tritt mit großer Zuverlässigkeit ein. Schade eigentlich, dass nur Säuglinge diesen freundlichen Knuff erleben. Aber das lässt sich ändern.

Diese Übung finden Sie auf der CD: Track 11

So wird's gemacht
1. Sie wünschen sich gute Laune und Entspannung, doch nach Lachen oder Lächeln steht Ihnen zur Zeit nicht der Sinn?

2. Tun Sie einfach so, als ginge es Ihnen bestens. Lächeln Sie. Verziehen Sie Ihr Gesicht zu einem – wenn auch verunglückten – Lächeln. Das macht nichts. Durch das Anheben Ihrer Wangenmuskeln erhält Ihr Gehirn nämlich ein Signal, das es veranlasst, sogenannte Glückshormone freizusetzen. Die verbreiten sich in Windeseile in Ihrem Organismus und geben Ihnen jetzt tatsächlich das Gefühl von Entspannung und Wohlbefinden.

3. Spätestens nach 90 Sekunden ist die Wirkung da, und Sie meistern die Situation, in der Sie sich gerade befinden, mit Humor, Gelassenheit und Zuversicht. Nebenbei: Die Glückshormone stärken auch Ihr Immunsystem.

Wahrnehmungslenkung

>> Lenken Sie Ihre Gedanken weg von allem Stress
und werden Sie ruhig und gelassen.

Es ist notwendig, dass Sie im Verlauf eines Tages Ihren Kopf immer wieder frei machen von Stressbelastungen und anderen negativen Erfahrungen. Wenn Ihnen das nicht gelingt, werden Sie vorschnell Ihre Leistungskraft einbüßen und die Anstrengungen eines langen Tages psychisch kaum durchstehen.

Ein wertvolles Instrument ist hier die »Wahrnehmungslenkung«. Damit ist gemeint, seine Aufmerksamkeit vom Stressor und von der Stressreaktion abzuziehen, sich emotional zu neutralisieren und zu beruhigen, um dann wieder angemessen handeln zu können. Prinzipiell sind alle Wahrnehmungen und Tätigkeiten geeignet, dieses Ziel zu erreichen, zum Beispiel:

- sich zwischendurch mit einer ganz andersartigen Arbeit beschäftigen;
- eine Aufgabe bearbeiten, die rasch zu einem Erfolgserlebnis führt;
- Pausen von ein bis drei Minuten Dauer einlegen, um aus dem Fenster zu schauen, einen Apfel zu essen, einen Blick in die Zeitung zu werfen;
- komplizierte Bewegungsabläufe machen, etwa einen Schlagzeuger nachahmen, gegen einen imaginären Boxer kämpfen, in Gedanken über ein dünnes Seil von Kirchturm zu Kirchturm balancieren, ein – nicht vorhandenes – großes Orchester dirigieren;
- einen kleinen Spaziergang einmal um den Häuserblock herum oder durch einen Park in der Nähe machen und dabei ganz neue Eindrücke aufnehmen;
- seine ganze Aufmerksamkeit auf etwas Angenehmes richten und es genießen (Bild, Blumen, Foto, Vogelzwitschern, Musik);
- sich etwas Entspannendes in der Fantasie so anschaulich wie möglich vorstellen (weißer Strand, blühende Blumenwiese, verträumte Landschaft, im Lehnstuhl vor dem Kamin sitzen).

So wird's gemacht

1. Legen Sie eine Liste der positiven Wahrnehmungen und Aktivitäten an, die Sie jederzeit verwirklichen können.

2. Sobald Sie spüren, dass Sie dringend eine nervliche Verschnaufpause brauchen, wählen Sie eine Maßnahme aus.

3. Genießen Sie diese Wahrnehmung der Aktivität mit allen Ihren Sinnen; lassen Sie sich ganz auf dieses Erleben ein, bis Ihre Gedanken nur noch damit beschäftigt sind.

4. Beenden Sie diese Pause und gehen Sie mit neuer Kraft an Ihre Arbeit.

Ort der Ruhe und der Kraft

》 Man sollte sich Entspannung gönnen. Leistungsfähiger und lebhafter werden wir uns nach einer Ruhepause erheben. (Seneca, etwa 1–65 n. Chr.)

In einer gewissen Weise ist unser Gehirn beschränkt. Es kann nämlich nicht unter allen Bedingungen zwischen Wirklichkeit und Vorstellung unterscheiden. Sie haben das auch schon erlebt. Sie liegen im Bett, sind müde und entspannt. Sie freuen sich auf einen erholsamen Schlaf. Plötzlich kommt Ihnen ein ärgerliches Ereignis des vergangenen Tages in den Sinn. Blitzartig treten nun dramatische Veränderungen ein. Mit einem Mal sind Sie angespannt, hellwach und unruhig.

Sie fühlen sich schlecht und belastet. Dabei hat sich objektiv überhaupt nichts verändert. Nach wie vor liegen Sie in Ihrem bequemen Bett, von einer flauschigen Decke gewärmt, und hoffen auf einen guten Schlaf.

Die Tatsache, dass unser Gehirn manchmal Fantasien für die Realität hält und umgekehrt, können wir auch zu unserem Vorteil nutzen. Zum Beispiel mit unserem »Ort der Ruhe und der Kraft«, den wir – wenn er einmal erschaffen ist

Mentale Entspannung

– jederzeit und unabhängig davon, wo wir uns tatsächlich befinden, aufsuchen können. Er steht uns als Fluchtburg, Erholungsoase und Energiequelle immer zur Verfügung, selbst in akuten Stress-Situationen. Gedanklich am »Ort der Ruhe und der Kraft« zu sein, hat eine ähnliche Wirkung, als wären wir tatsächlich dort. Nutzen Sie diesen überaus wirkungsvollen Effekt.

Diese Übung finden Sie auf der CD: Track 2

So wird's gemacht

1. Zur Vorbereitung suchen Sie in Ihrer Erinnerung einen Ort, der für Sie Ruhe und Kraft symbolisiert. Es soll ein Ort sein, an dem Sie gern sind oder wären, wenn Sie Ruhe und Kraft brauchen. Meist entscheiden sich die Menschen für einen Platz in der Natur. Notieren Sie so konkret wie möglich auf einem Blatt Papier
– was an diesem Ort zu sehen, zu hören und zu riechen ist,
– was ihn zu einem Sinnbild für Ruhe und Kraft macht,

– wie Sie sich an diesem Ort fühlen und was er Ihnen gibt.

2. Machen Sie es sich sitzend oder liegend bequem, schließen Sie sanft die Augen und stellen Sie sich vor, wie Sie
– an Ihrem Ort der Ruhe und der Kraft ankommen,
– sich in Ruhe umschauen,
– es sich bequem machen,
– spüren, wie sich tiefe Ruhe in Ihnen ausbreitet,
– erleben, dass Sie ein Strom positiver Energie erfüllt.

3. Verstärken und genießen Sie diesen wohligen und erfrischenden Zustand.

4. Werden Sie sich bewusst, dass Sie diesen Ort jederzeit wieder besuchen können.

5. Beenden Sie die Übung, indem Sie sich kräftig recken und strecken, einige Male tief ein- und ausatmen und die Augen vorsichtig öffnen.

Farbentspannung

>> Lösen Sie die Blockaden Ihrer Chakren
und entdecken Sie Ihre Potenziale.

Nach der Lehre des Yoga befinden sich im menschlichen Körper sieben Energiezentren, sogenannte Chakras. Jedes Chakra hat seine spezifische Farbe. Die Chakras symbolisieren bestimmte Energien und Fähigkeiten. Jemand, der über alle diese Eigenschaften verfügt, gilt als ein »erleuchteter Mensch«. Bei den meisten Menschen allerdings sind alle oder ein Teil der Chakras verschlossen. Damit sind die ihnen zugehörigen Begabungen blockiert. Sie können nicht genutzt werden. So können seelische oder körperliche Mängel auftreten. Durch die gedankliche Konzentration auf die Farbe des jeweiligen Chakras gelingt es, die ihm zugeordnete Fähigkeit wieder zu befreien und ins Leben zu holen.

- Rot steht für Liebe und Wärme; der Ort des Chakras ist das Sexualzentrum.
- Orange bedeutet Aktivität und Inspiration; das Chakra findet sich im Bereich des Nabels.
- Gelb weist auf Wundern und Wissen hin; sein Chakra wohnt im Solarplexus.
- Grün ist die Farbe für Gelassenheit und Erholung; das Chakra hat seinen Platz im Herzen.
- Blau schenkt Harmonie und Geborgenheit; sein Chakra stellt man sich im Bereich der Kehle vor.
- Indigo gilt als die Farbe für Sammlung und Achtsamkeit; sein Chakra entspricht dem »Dritten Auge« zwischen den Augen oberhalb der Nasenwurzel auf der Stirn.
- Violett ist Spiritualität; sein Chakra findet sich im Bereich des Scheitels.

Entspannung finden Sie am besten in der Farbe Grün, ergänzt durch Blau.

Diese Übung finden Sie auf der CD: Track 1

Mentale Entspannung

So wird's gemacht

1. Stellen Sie sicher, dass Sie in den nächsten Minuten nicht gestört werden (Türe abschließen, Telefon ausschalten).

2. Legen Sie sich entspannt auf den Rücken und schließen Sie sanft die Augen.

3. Machen Sie einige Atemzüge. Mit jedem Ausatmen lassen Sie alles Negative und Belastende aus Ihrem Körper herausströmen.

4. Konzentrieren Sie sich nacheinander auf die Energiezentren Ihres Körpers, die Sie stärken wollen, indem Sie sich die jeweiligen Farben so leuchtend wie möglich vorstellen. Wenn Ihnen die Imagination allein des Farbtons nicht gelingt, lassen Sie vor Ihrem inneren Auge Dinge erstehen, die diese Farbe tragen: das saftige Grün von Pflanzen im Frühling, das tiefe Blau des Meeres usw. Atmen Sie in Ihrer Vorstellung in das Zentrum, auf das Sie sich gerade konzentrieren. Machen Sie dies eine bis drei Minuten lang.

5. Beenden Sie die Übung, indem Sie Ihre Hände zu Fäusten ballen, die Arme kräftig recken und strecken, einige Male tief ein- und ausatmen und schließlich die Augen vorsichtig öffnen.

Streitwert klären

>> Stutzen Sie Ärgernisse auf das Maß, das ihnen gebührt.

Kleine Ärgernisse dürfen in ihren belastenden Wirkungen nicht unterschätzt werden. Manchmal haben sie die Funktion des letzten Tropfens, der das Fass zum Überlaufen bringt. Das heißt, ein nichtiger Anlass gibt uns den letzten Rest und wir brechen körperlich und/oder seelisch zusammen. Andererseits kann eine große Zahl von – für sich genommen – im Grunde lächerlichen Verdrießlichkeiten langfristig erheblichen Schaden anrichten. Dabei liegt es allein an uns, welche Bedeutung wir der einzelnen Situation geben. Mein Vorschlag: tiefer hängen.

So wird's gemacht

1. Stellen Sie eine Hitliste Ihrer »Lieblings«-Stressoren auf. Entscheiden Sie, bei welchen sich Stress nicht lohnt, weil der Streitwert zu gering ist.

2. Wenn diese Stressreize auftauchen, werden Sie künftig vollkommen gelassen bleiben.

3. Außerdem gewöhnen Sie sich an, immer zuerst den Streitwert zu klären und dann zu reagieren. Folgende Hilfsfragen können Sie sich zur Bestimmung des Streitwerts stellen:

– Wie werde ich diese Situation heute Abend beurteilen?
– Wie werde ich in einem Monat darüber denken?
– Was ändert sich, wenn ich mich durch diesen Vorfall provozieren lasse?
– Wem nützt es, wenn ich mich jetzt aufrege?

4. Zusätzliche Empfehlung: Stellen Sie eine kleine Faltkarte mit der Frage: »Wie hoch ist der Streitwert?« an Ihren Arbeitsplatz. Dieses Kärtchen können Sie auch in Besprechungen und bei anderen potenziellen Stresssituationen mit sich führen.

So tun als ob – mental

》 Trainieren Sie neue Verhaltensmuster durch diese mentale Übung.

Mit dieser Vorgehensweise können wir die – schon an anderer Stelle geschilderte – Beschränktheit des Gehirns

nutzen, das nicht so ohne Weiteres zwischen Fantasie und Realität unterscheiden kann. Zwei Voraussetzungen müssen Sie erfüllen, damit diese Technik Sie in kurzer Zeit zu Ihrem Wunschverhalten führt:

- Sie brauchen eine klare und eindeutige Vorstellung davon, in welcher Situation Sie sich wie verhalten wollen. Am besten, Sie notieren zunächst die Ist-Situation, die daran Beteiligten, deren Verhalten und wie das Ereignis derzeit noch abläuft. Dann machen Sie einen Gegenentwurf, nämlich wie sich das Geschehen in der Zukunft abspielen soll und wie Sie sich dabei verhalten werden.
- Wählen Sie aus Ihrem Bekanntenkreis, Ihrer Verwandtschaft oder Ihren Arbeitskollegen einen Menschen aus, der sich in Stressphasen so verhält, wie Sie es sich wünschen.

So wird's gemacht

1. Stellen Sie sicher, dass Sie in den nächsten Minuten nicht gestört werden (Türe abschließen, Telefon ausschalten). Setzen Sie sich bequem und stabil auf einen Stuhl. Schließen Sie sanft Ihre Augen.

2. Jetzt stellen Sie sich einen Menschen vor, der ganz und gar entspannt ist. In der Regel klappt dies besonders gut mit einem Menschen, den Sie bereits im entspannten Zustand erlebt haben.

3. Nachdem Sie ihn auf Ihre innere Leinwand projiziert und beobachtet haben, setzen Sie sich an seine Stelle. Jetzt können Sie sich selbst von außen betrachten.

4. Gehen sie dann auf die Leinwand zu, bis Sie mit Ihrem Abbild verschmolzen sind. Während dies geschieht, spüren Sie, wie sich in Ihnen zunehmend das Gefühl innerer Ruhe und Gelassenheit ausbreitet.

5. Beenden Sie die Übung, indem Sie Ihre Hände zu Fäusten ballen, die Arme kräftig recken und strecken, einige Male tief ein- und ausatmen und schließlich die Augen langsam öffnen.

6. Wiederholen Sie diese Übung während der folgenden fünf Tage jeweils einmal, um dieses neue Verhalten dauerhaft beherrschen zu lernen.

Imaginativer Beistand

>> Holen Sie sich Unterstützung für mehr Selbstvertrauen.

Was ist in einem solchen Fall zu tun, den die meisten von uns so oder ähnlich sicher bereits erlebt haben? Die fachliche Vorbereitung allein scheint nicht auszureichen, sich gelassen und sicher zu fühlen, wenn man sich einer solchen Überzahl von Menschen gegenübersieht. Ihre besondere Dramatik erhält die Situation dadurch, dass man selbst demonstrieren muss, der Aufgabe gewachsen zu sein und der richtige Mann oder die richtige Frau für die Stelle zu sein. Die anderen werden diese Bemühungen – kann man unterstellen – sehr kritisch verfolgen. Und zu alledem kommt: Man ist ganz allein auf sich gestellt.

Aber muss das sein? Gut, es ist nicht möglich, einen Menschen real mit in die Runde zu nehmen. Aber in der Fantasie kann ich doch alle meine Freunde und ganze Kompanien von Beschützern um mich versammeln. Wenn wir uns das lebendig genug vorstellen, nimmt uns unser Gehirn diesen kleinen Betrug ab und sorgt dafür, dass wir uns so fühlen und verhalten, als wären wir tatsächlich von guten Freunden und Beratern umgeben.

Also bat ich den Doktoranden, einmal darüber nachzudenken, ob es nicht einen Menschen gäbe, der ihm als Begleiter zu dem Vorstellungsgespräch eine wichtige Stütze wäre. Ganz spontan nannte er einen seiner Professoren, in dessen Nähe er sich immer gut aufgehoben gefühlt habe. Außerdem sei dies ein Mensch, der auch in solchen Situationen vollkommen gelassen, sicher und überzeugend sei.

Nachdem dies geklärt war, bestand keinerlei Sorge mehr, das Vorstellungsgespräch in den Sand zu setzen. Mein Kandidat erhielt den Auftrag, sich in der Fantasie der Bereitschaft des Professors zu versichern, ihn bei seinem Vorhaben zu unterstützen. Dann sollte er ihn in der konkreten Situation in Gedanken so in dem Raum platzieren, dass er ihn immer wieder anschauen und sich an ihm und seinen Hinweisen orientieren könnte.

Gesagt, getan. Das Gespräch verlief erfolgreich. Allein die eingebildete Anwesenheit des Professors gab dem Bewerber Selbstvertrauen und Stabilität. Er konnte seine fachliche Qualifikation überzeugend vermitteln. Heute – drei Jahre später – hat er in dem Unternehmen bereits die Position eines Abteilungsleiters. Kürzlich erzählte er mir am Telefon, dass er diesen Trick seither bei vielen Gelegenheiten benutzt habe. Inzwischen verfüge er über eine ganze Gruppe von imaginativen Begleitern, unter denen er jeweils den auswählt, dessen Stärken ihm in der jeweiligen Situation besonders nützlich sind.

Neben Vorstellungsgesprächen können Sie diese Technik zum Beispiel bei Prüfungen, Präsentationen, öffentlichen Auftritten und schwierigen Gesprächen einsetzen.

So wird's gemacht

1. Klären Sie, welche Person Ihnen in der bevorstehenden Situation eine Hilfe wäre. Schon durch ihre bloße Anwesenheit oder wegen ihrer besonderen Fähigkeiten.

2. Schließen Sie die Augen. Stellen Sie sich vor, wie Sie diesen Menschen aufsuchen und fragen, ob er bereit ist, Sie zu begleiten und zu unterstützen. Achten Sie genau auf seine Reaktion. Vielleicht erhalten Sie eine klare Antwort. Möglich, dass Sie nur eine flüchtige Veränderung des Gesichtsausdrucks beobachten, den Sie deuten müssen. Gleichgültig, wie die Antwort ausfällt, bedanken Sie sich bei dem Menschen und verabschieden Sie sich von ihm. Sollten Sie keine klare Bereitschaft erkannt haben, Ihnen zu helfen, müssen Sie eine andere Person auswählen und ebenso verfahren.

3. Stellen Sie sich vor, sie wären bereits in der Zielsituation und erleben Sie, wie Ihr Begleiter bei Ihnen ist und Sie die Aufgabe erfolgreich meistern.

4. Wenn es dann ernst wird und Sie real am Ort der Tat sind, positionieren Sie Ihren Beistand so in Ihrer Nähe, dass Sie seine Hilfe jederzeit in Anspruch nehmen können.

So tun als ob – real

》 Spielen Sie entspannt und schon sind Sie es.

Das Prinzip »so tun als ob« wirkt sowohl auf der mentalen wie auch auf der realen Ebene. Gerade in Akutsituationen haben Sie aber wahrscheinlich keine Gelegenheit, sich zurückzuziehen und sich mithilfe von Imaginationsübungen auf ein erwünschtes Verhalten vorzubereiten. In solchen Augenblicken können Sie so vorgehen, dass Sie in der Realität bleiben und dabei so tun, als ob Sie bereits die Zieleigenschaften besäßen.

Die Psychosomatik (Psyche = die Seele, Soma = der Körper) befasst sich besonders mit den Beziehungen zwischen Leib und Seele. Die psychosomatische Medizin untersucht und erforscht die Zusammenhänge zwischen seelischen Störungen und körperlichen Leiden. Chronische psychische Stressbelastungen können zu körperlichen Erkrankungen führen – zum Beispiel zu Magen-Darm-Geschwüren oder Bluthochdruck. Psychischer Stress drückt sich aber auch bereits im äußeren Verhalten eines Menschen aus. Häufig ist bei den so Geplagten eine gebeugte Körperhaltung, hilflose Gestik, ängstliche Mimik oder eine stockende Sprechweise zu beobachten.

Psychosomatische Wirkungen können wir jedoch auch in der Körper-Seele-Richtung feststellen und zu unserem Vorteil nutzen. Das heißt, wenn Sie sich so verhalten, als seien Sie seelisch stabil, ausgeglichen und entspannt, werden dadurch psychische Reaktionen ausgelöst, die schließlich dazu führen, dass Sie tatsächlich seelisch stabil, ausgeglichen und entspannt sind. Je häufiger Sie dieses Prinzip in Stressphasen einsetzen, umso rascher werden Sie die innere Wirkung spüren. (Es funktioniert so wie das »Wohlfühl-Lächeln«.)

So wird's gemacht

1. Sie registrieren Ihre Unruhe und Angespanntheit. Sie beschließen, ab sofort so zu tun, als wären Sie ganz locker, gelöst und entspannt.

2. Sie wissen, welche Körperhaltung Sie als ein entspannter Mensch haben und wie Sie sich in dieser Haltung verhalten.

3. Zeigen Sie jetzt genau dieses Gebaren und Verhalten: aufrecht, gelöst, harmonische Bewegungen, sicherer Blickkontakt, ruhige Sprechweise.

4. Schon nach kurzer Zeit werden Sie spüren, wie die Veränderung der äußeren Haltung nach innen wirkt und Sie tatsächlich gelassener werden.

Positive Selbstgespräche

》 Es wird schon alles irgendwie.

Auf dem Weg zu einer Besprechung bleiben Sie im Verkehrsstau stecken. Beobachten Sie einmal Ihre Selbstgespräche in diesem Moment. »Ich schaffe es nicht mehr, pünktlich zu sein«, sagen Sie sich und »Was soll ich bloß machen?« oder »Ich bin fix und fertig.«

Und siehe da, Sie sind mit Ihren Nerven tatsächlich am Ende, klopfen nervös mit den Fingern auf dem Lenkrad herum, rutschen auf Ihrem Sitz unruhig hin und her und raufen sich vielleicht die Haare. Ihr Herz klopft wie wild, Ihr Körper ist schweißnass, und Ihr Atem geht flach und hechelnd.

»Es sind nicht die Dinge an sich, welche die Gefühle der Menschen in Verwirrung bringen, sondern die Art und Weise, wie sie die Dinge sehen« sagt der römische Philosoph Epiktet.

Damit drückt er aus:
- Unser Denken läuft ab in Form von inneren, meist lautlosen Selbstgesprächen.
- Diese Selbstgespräche steuern unser Fühlen und Verhalten.
- Wir können über den Inhalt und die Tendenz unserer Selbstgespräche selbst entscheiden, wir sind ihnen also nicht hilflos ausgesetzt.

- Wenn wir sie verändern, korrigieren wir dadurch auch unsere Empfindungen und Verhaltensweisen.

Unser Selbstgespräch im Verkehrsstau hätte sich auch so anhören können: »Jetzt steck ich fest. Ob ich es schaffe, pünktlich zu sein? Na ja, das werde ich ja sehen. Ich mache das Beste daraus und nutze die Zeit, noch einmal über einige Punkte nachzudenken.«

Positive Selbstgespräche sind eine wirksame Methode, sich rasch zu entspannen und langfristig eine gelassen-zuversichtliche Grundhaltung aufzubauen. Anfangs ist es ein Stück Arbeit, später gelingt es ganz von selbst.

Diese Übung finden Sie auf der CD: Track 6

So wird's gemacht

1. Sie machen sich bewusst, dass Sie in bestimmten Situationen regelmäßig in Stress geraten.

2. Untersuchen Sie, welche Selbstgespräche Sie dann führen (Beispiele: »Heute geht alles daneben«, »Das schaffe ich niemals«, »Der hat was gegen mich«, »Ich bin schrecklich aufgeregt«).

3. Schreiben Sie Ihr Selbstgespräch positiv um. Bleiben Sie dabei realistisch. (Beispiele: »Daraus lerne ich für die Zukunft«, »Das wird zwar schwierig sein, doch ich kann es schaffen«, »Ich setze mich durch«, »Ich bleibe gelassen und vollkommen ruhig«).

4. Achten Sie bei der Formulierung darauf, dass Sie nur positive Wörter verwenden (»gesund« statt »nicht krank«, »mutig« statt »keine Angst«, »leicht« anstelle von »nicht schwierig«).

5. Wenn die Stress-Situation tatsächlich auftritt, wiederholen Sie halblaut oder in Gedanken mehrere Male Ihr positives Selbstgespräch.

Fragen stellen und entspannen

>> Erfragen Sie das Positive einer stressigen Situation.

Die Selbstgespräche, die wir führen, bestehen häufig aus Fragen, die wir an uns richten. Die Art dieser Fragen entscheidet darüber, wie wir uns fühlen. Wir können bewirken, dass uns unsere eigenen Fragen in Angst versetzen. Sie können uns aber auch beruhigen und Sicherheit geben. Das liegt daran, dass unser Gehirn auf jede Frage eine emotionale Antwort gibt.

Fragen, die Stress erzeugen:
- Warum geht alles schief?
- Wieso behandelt mich mein Partner so lieblos?
- Warum vertrage ich keine Kritik?
- Weshalb bin ich beim Reden unsicher?
- Warum bin ich im Job erfolglos?

Beispiele von Fragen, die Entspannung schenken:
- Was habe ich aus dieser (Stress-) Situation gelernt?
- Was war das Positive daran?
- Wie wird es mir gelingen, es künftig richtig zu machen?

- Was kann ich tun, damit mich mein Partner liebevoll behandelt?
- Wie schaffe ich es, auch bei Kritik meine gewohnte Schlagfertigkeit zu zeigen?
- Auf welche Weise kann ich lernen, locker und sicher zu reden?
- Mit welcher Strategie werde ich im Beruf erfolgreich sein?

Sicher sind Ihnen die Unterschiede bei den beiden Arten von Fragen aufgefallen. Die Stressfragen sind nach rückwärts gewandt, wollen (ohne Aussicht auf Erfolg) Ursachen erforschen und benutzen negative Wörter (schiefgehen, lieblos, verstört, gehemmt, unsicher, Misserfolge). Die Entspannungsfragen sind zukunftsorientiert, suchen nach Lösungen und enthalten positive Wörter (richtig machen, liebevoll, Schlagfertigkeit, locker, sicher, erfolgreich). Diese Fragen sagen, es gibt eine Perspektive. Sie braucht nur noch entdeckt und umgesetzt zu werden.

So wird's gemacht

1. Stellen Sie eine Liste der Fragen auf, die Sie in Stress- und Belastungssituationen üblicherweise an sich richten.

2. Formulieren Sie zu jeder Frage eine konstruktive Alternative, die sich auszeichnet durch

– positive Wörter,
– den Blick nach vorn,
– die Möglichkeit einer Lösung.

3. Achten Sie darauf, in Stressphasen nur positive Fragen zu formulieren.

Positiv-Liste

》 Stärken Sie Ihr Selbstwertgefühl.

Die Positiv-Liste hat zwei Aufgaben. Sie soll helfen, Ihr Selbstwertgefühl zu stärken und damit Ihre Gelassenheit und Stressstabilität zu steigern. In Akutsituationen kann sie dafür sorgen, dass Sie rasch wieder Zuversicht und Ihr inneres Gleichgewicht finden. Wie wir uns selbst einschätzen, unsere Stärken und Schwächen beurteilen, unsere Fähigkeit bewerten, Aufgaben und Probleme zu lösen, entscheidet darüber, wie wir uns in konkreten Belastungssituationen fühlen und verhalten.

Jeder von uns hat eine ganze Menge Stärken und Talente. Welches sind die Ihren? Besitzen Sie zum Beispiel die Fähigkeit,

- aufmerksam zuzuhören?
- Ihre Gäste zu verwöhnen?
- sich an kleinen Dingen zu erfreuen?
- sehr sorgfältig zu arbeiten?
- eine Sache ausdauernd zu verfolgen?
- Veranstaltungen hervorragend zu organisieren?
- Ihr Leben zu genießen?

Mentale Entspannung

Wenn Sie sich Ihre Stärken regelmäßig bewusst machen, stärkt das Ihr Selbstwertgefühl und bringt es auf ein realistisches Niveau. Ärger und andere Belastungen haben dann kaum noch eine Chance, Sie seelisch in Bedrängnis zu bringen.

So wird's gemacht

1. Schreiben Sie auf ein Blatt Papier als Überschrift: »Meine Stärken und Talente.« Notieren Sie in den nächsten zwei Wochen alle ihre Fähigkeiten und Vorzüge, die Sie selbst positiv bewerten. Tragen Sie diese Liste immer bei sich, zum Beispiel in der Brieftasche oder in Ihrem Zeitplanbuch.

2. Nehmen Sie sich einmal in der Woche die Zeit, Ihre Positiv-Liste in Ruhe zu betrachten, sich Ihrer Stärken bewusst zu werden und neu erkannte Fähigkeiten hinzuzufügen. Ihr Selbstwertgefühl wird im Laufe der Zeit nachhaltig stärker werden.

3. Wenn Sie in eine akute Stress-Situation geraten, holen Sie Ihre Positiv-Liste bei allernächster Gelegenheit hervor und vertiefen Sie sich in die Stärke, die Ihnen im Moment am meisten zu fehlen scheint. Nach wenigen Augenblicken werden Sie sich deutlich besser fühlen.

Problem-Paket ins Schließfach

》 Aus den Augen, aus dem Sinn.

Zuweilen beschäftigt uns ein Problem so stark, dass wir keine Energie mehr haben, den Verpflichtungen des Alltags nachzukommen. Trotz allen Suchens konnten wir bisher keine Lösung für die Angelegenheit finden. Vielleicht

ist es ein Konflikt, der uns Kummer bereitet. Vielleicht stehen wir vor einer schwierigen Entscheidung, von der wir noch nicht recht wissen, wie sie ausfallen soll. Aus dem rationalen Prüfen der infrage kommenden Alternativen ist ein konfuses Gewirr von Hirngespinsten, Ideen, Sorgen und Grübeleien geworden. Schon der kleinste Gedanke an das Thema verwirrt uns, löst unangenehme Gefühle und körperliche Verspannungen aus.

Eines ist klar: So kann es nicht weitergehen, wenn wir nicht vor lauter Ratlosigkeit und Energiemangel Schiffbruch erleiden wollen. Denn die zunehmende Unfähigkeit, die täglichen Aufgaben zu bewältigen, können in einer totalen Konfusion enden. Unsere einzige Chance heißt, Prioritäten zu setzen: Was hat Vorrang, was kann nachrangig behandelt werden? Schnell wird klar, das Problem muss zurückgestellt werden, damit der Kopf frei wird für die wichtigen Dinge des Alltags. Das schaffen Sie mit der symbolischen Handlung: »Problem-Paket ins Schließfach«.

So wird's gemacht

1. Sorgen Sie dafür, dass Sie in den nächsten Minuten nicht gestört werden (Türe abschließen, Telefon ausschalten).

2. Lehnen Sie sich bequem in Ihrem Stuhl oder Sessel zurück, schließen Sie sanft die Augen und konzentrieren Sie sich für einige Augenblicke auf Ihre Atmung. Alle folgenden Schritte führen Sie in der Fantasie durch.

3. Stellen Sie sich Ihr Problem als einen Gegenstand vor. Nehmen Sie diesen und verpacken Sie ihn sorgfältig. Wickeln Sie ihn gewissenhaft ein. Verwenden Sie einen stabilen Karton, dickes Packpapier und feste Schnur.

4. Tragen Sie das so verschnürte Paket zum Bahnhof und legen Sie es in eines der Schließfächer. Sperren Sie es sorgfältig ab und verabschieden Sie sich vorläufig von Ihrem Problem.

5. Nachdem Sie vom Bahnhof zurückgekehrt sind, können Sie sich jetzt frei und unbelastet um Ihre alltäglichen Angelegenheiten kümmern. Sie besitzen alle Energie, die Sie dafür brauchen.

6. Wenn Sie sich eines Tages so stark fühlen, das gelagerte Problem zu lösen, dann holen Sie es aus dem Schließfach und bearbeiten Sie es.

7. Sie können Ihr Problem aber auch im Schließfach liegen lassen. Sie wissen ja, dass es dort nach einiger Zeit vom Bahnpersonal herausgenommen und bei nächster Gelegenheit versteigert wird. Soll doch ein anderer Ihr Problem bekommen und lösen.

Übrigens, es gibt unzählige Schließfächer für unendlich viele Probleme.

Problem verschieben

>> Setzen Sie Prioritäten neu und schieben Sie Probleme nach hinten.

Unangenehme Arbeiten werden oft auf die lange Bank geschoben, so lange, bis sie – hoffentlich – am anderen Ende herunterfallen und sich von selbst erledigen. Leider geht dieser Wunsch nur selten in Erfüllung. Mit der Methode »Problem verschieben« allerdings können Sie Prioritäten neu setzen. Das hat zunächst den Vorzug, dass Sie aus der Haltung des Reagierens herauskommen und zum Agierenden werden. In dieser Rolle fühlt sich jeder Mensch erheblich wohler. Sie entscheiden, eine belastende Angelegenheit vorläufig zurückzustellen. Sie gewinnen auf diese Weise Zeit und Energie für das, was aktuell ansteht. Später, wenn Sie Ruhe haben, werden Sie sich um dieses Problem kümmern.

So wird's gemacht

1. Ihnen wird bewusst, dass ein ungelöstes Problem Sie daran hindert, eine Situation oder Aufgabe mit vollem Einsatz Ihrer Kräfte zu meistern.

2. Schreiben Sie auf ein Blatt Papier, um welches Problem es sich handelt und wann Sie sich Zeit nehmen werden, eine Antwort darauf zu finden. Beispiel: »Über den Konflikt mit Mayer und wie ich ihn bereinigen werde, denke ich am kommenden Dienstagabend nach.« Falten Sie das Blatt sorgfältig zusammen und stecken Sie es in Ihre Brieftasche. Alternativ können Sie diese Notiz in Ihrem Zeitplanbuch festhalten.

3. Nachdem Sie nun festgelegt haben, dass und wann Sie sich mit dem

Problem befassen werden, ist Ihr Kopf für die laufenden Aufgaben frei. Diese Methode wird allerdings zukünftig nur dann gelingen, wenn Sie zur vereinbarten Zeit tatsächlich an der Problemlösung arbeiten.

Im Weltraum entsorgt

>> Nur wer loslassen kann, kann gelassen sein.
(Johann Heinrich Schultz, 1884–1970)

Es ist schon schwierig genug, einen Wunsch erfüllt zu bekommen. Sei es eine Sache, die wir haben wollen, eine Erfahrung, auf die wir hoffen oder der Kontakt zu einem Menschen, dem wir uns nähern wollen. Noch schwieriger ist es aber in vielen Fällen, sich davon wieder zu trennen, selbst wenn der Verstand sagt, dass es vernünftig ist. Etwas ganz loszulassen ist wie ein endgültiger Abschied und kann sehr schmerzhaft sein.

Seltsamerweise erleben wir diesen Abschiedsschmerz sogar bei Angelegenheiten, die uns belasten, mit denen wir nur Ärger haben oder die unsere Gesundheit schädigen. Das kann die Schwierigkeit sein, sich von negativen Gewohnheiten zu trennen. Die Beziehung zu Menschen zu beenden, kann selbst dann bitter sein, wenn man keine gemeinsame Perspektive mehr sieht. Weit zurückliegende Ereignisse können, auch wenn sie rational längst verarbeitet sind, bis in der Gegenwart seelische Qualen verursachen. Der Trennungsschmerz kann sich sogar in aktuellen Verhaltensweisen bemerkbar machen, die einem nur Nachteile bringen. Denken Sie zum Beispiel an aggressives, aufbrausendes Verhalten, wenn man sich angegriffen fühlt, das natürlich entsprechende Gegenreaktionen auslöst.

Diese Unfähigkeit zur Trennung kostet Kraft, sie blockiert das freie Denken, und sie hemmt die persönliche Entwicklung. Wer sich nicht trennen kann, kann nicht loslassen. Wer nicht loslassen kann, kann sich nicht entspannen. Johann Heinrich Schultz, der Vater des Autogenen Trainings, sagte es so: »Nur wer loslassen kann, kann gelassen sein.« Erst wenn die emotionale Trennung gelingt, ist die tatsächliche Loslösung wirklich möglich. »Im Weltraum entsorgt« ist ein symbolischer Akt, mit dem Sie sich auf der Gefühlsebene von einer Angelegenheit verabschieden können. Wenn dies gelungen ist, werden Sie Ihr Leben wieder entspannter, gelassener, zufriedener und kraftvoller genießen können.

So wird's gemacht

1. Sorgen Sie dafür, dass Sie in den nächsten Minuten nicht gestört werden (Türe abschließen, Telefon ausschalten).

2. Lehnen Sie sich bequem in Ihrem Stuhl oder Sessel zurück, schließen Sie sanft die Augen und konzentrieren Sie sich für einige Augenblicke auf Ihre Atmung. Alle folgenden Schritte führen Sie in der Fantasie durch.

3. Geben Sie dem, wovon Sie sich trennen wollen, eine Gestalt und setzen Sie es in eine Weltraumkapsel an der Spitze einer mächtigen Trägerrakete. Verabschieden Sie sich endgültig davon.

4. Aus sicherer Entfernung beobachten Sie, wie die Rakete gezündet wird, wie sie sich von der Startrampe erhebt, langsam höher und höher steigt und schließlich als winziger Punkt am Himmel verschwindet.

5. Die geistig-seelische Trennung ist vollzogen. Sie wissen, sollte der Satellit eines Tages aus seiner Umlaufbahn in Richtung Erde fallen, wird er verglühen. Die Trennung ist wirklich endgültig.

6. Wenden Sie sich bewusst von der Startrampe ab und Ihrem neuen Leben zu. Die Loslösung, die vielleicht noch in der Wirklichkeit zu vollziehen ist, wird Ihnen nach dieser symbolischen Handlung sicher gelingen.

Problem begraben

>> Befreien Sie sich von Ihren Problemen.

Nehmen wir an, Sie geraten unter bestimmten Umständen regelmäßig in Stress. Zum Beispiel werden Sie immer dann, wenn Ihr Vorgesetzter Sie in einer Besprechung in einem scharfen Ton anspricht, nervös, verlieren die Übersicht und fangen an zu stammeln. Sie ärgern sich über diese fast instinkthaft ablaufende Reaktion, die Sie nicht steuern können. Als besonders belastend empfinden Sie dabei, dass Sie in dieser Drucksituation einfach nicht mehr so gut sind, wie Sie sein könnten. Befreien Sie sich von diesem Problem, indem Sie es begraben.

So wird's gemacht

1. Sorgen Sie dafür, dass Sie in den nächsten Minuten nicht gestört werden (Türe abschließen, Telefon ausschalten).

2. Lehnen Sie sich bequem in Ihrem Stuhl oder Sessel zurück, schließen Sie sanft die Augen, und konzentrieren Sie sich für einige Augenblicke auf Ihre Atmung. Alle folgenden Schritte führen Sie in der Fantasie durch.

3. Geben Sie Ihrem Problem die Form eines Gegenstandes (zum Beispiel hässlicher Stein, rostiger Nagel, zerbrochenes Glas).

4. Verpacken Sie den Gegenstand, indem Sie ihn in eine Kiste legen und diese sorgfältig zunageln oder ihn in einem Karton fest verschnüren und verkleben.

5. Gehen Sie an einen stillen Ort in der Natur. Heben Sie ein Grab für Ihr Problem aus. Legen Sie es hinein. Schaufeln Sie das Grab zu. Schichten Sie ein paar schwere Steine obendrauf.

6. Wenden Sie sich bewusst von der Grabstelle Ihres Problems ab und machen Sie sich klar: Sie haben sich in diesem Augenblick von Ihrem Problem endgültig und für alle Zeiten getrennt.

Periphere Selbstprogrammierung

》 Beeinflussen Sie Ihr Denken und Fühlen positiv.

Die »Periphere Selbstprogrammierung« nutzt die Tatsache, dass uns auch Wahrnehmungen sehr nachhaltig prägen können, die wir nur halb- oder unbewusst aufnehmen. An anderer Stelle sprachen wir bereits darüber, dass wir alle in Gedanken ständig Selbstgespräche führen. Wenn wir in einem Restaurant die Speisekarte studieren, fragen wir uns zum Beispiel, worauf wir Appetit haben, welches Gericht unserer Gesundheit am zuträglichsten ist oder wie viel Geld wir ausgeben wollen. Die Gedanken oder Interpretationen, die schließlich obsiegen, bestimmen unsere Einstellungen und unser Verhalten.

Bei der »Peripheren Selbstprogrammierung« sorgen wir dafür, unser Denken und Fühlen positiv zu beeinflussen.

So wird's gemacht

1. Klären Sie, in welcher Situation Sie welchen Entspannungszustand anstreben. Beschreiben Sie dieses Ziel in einem Satz. Beachten Sie dabei, dass Sie in der Gegenwart formulieren, so als beherrschten Sie dieses Verhalten bereits (nicht »Ich werde …«, sondern »Ich bin …«). Benutzen Sie nur positive Worte (nicht »Ich bin nicht nervös …«, sondern »Ich bin ganz ruhig …«). Benennen Sie möglichst eine Situation, in der Sie das neue Verhalten besonders dringend brauchen (zum Beispiel: »Wenn ich an Besprechungen teilnehme …«). Ein solcher Satz könnte dann zum Beispiel lauten: »Auch bei unangenehmen Telefonaten bleibe ich vollkommen ruhig, sachlich und sicher.«

2. Gestalten Sie zu dem Satz eine Visualisierung. Verwenden Sie beispielsweise ein Zeitschriftenfoto, das den Entspannungszustand zeigt, den Sie sich wünschen. Es braucht keine besondere Begabung, ein solches Bild mit wenigen Strichen auch selbst aufs Papier zu bringen. Motive könnten ein Fels in der Brandung sein, eine blühende Wiese, ein mächtiger Baum.

3. Fertigen Sie jetzt mithilfe des Satzes und der Visualisierung auf einem DIN-A3-Bogen ein farbenfrohes und fröhliches Poster an. Das Papier des Posters sollte in Ihrer Lieblingsfarbe sein, jedoch nicht weiß.

4. Hängen Sie das Plakat in dem Zimmer an die Wand, in dem Sie sich häufig aufhalten. Achten Sie darauf, dass Sie das Poster leicht schief anbringen. So dringt die Information schneller und tiefer in Ihr Unbewusstes.

5. Schneiden Sie aus einem zweiten Blatt Papier derselben Farbe mehrere Miniposter etwa im Format 3 x 5 cm aus. Sie bleiben leer. Trotzdem erinnern sie Sie an Ihr großes Plakat und an die dort dargestellten Verhaltensziele.

6. Verteilen Sie diese kleinen Poster überall da, wo Sie sich tagsüber aufhalten und Entspannung brauchen: auf dem Schreibtisch, in Ihrer Besprechungsmappe, auf dem Armaturenbrett Ihres Autos usw.

7. Erleben Sie, wie schon nach wenigen Tagen nichts und niemand mehr Sie aus der Ruhe bringen kann und Sie vollkommen gelassen sind.

Wasserfall genießen

» Entspannen Sie mit der Kraft des Wassers.

Kaum ein anderer Vorgang in der Natur ist ein stärkeres Symbol für Lebendigkeit, Kraft, Ausdauer, Harmonie und unerschütterliche Ruhe, wie es fließendes Wasser ist. Ganz besonders gilt das für Wasserfälle. Sie sind mehr als ein Sinnbild für grenzenlose Energie, für fortwährende Erneuerung, für den Rhythmus unseres Lebens.

Wasser ist ursprüngliche, natürliche Kraft. Es spendet und erhält Leben. Wasser ist Klarheit, Frische und Reinheit. Es reinigt und befreit so den

Menschen. Wasser ist Kreislauf und Bewegung. Wasser ist kostbar. Es schenkt uns Lebenskraft. Wasser ist Urquell und Grundlage allen Lebens. Wasser übt eine heilende Wirkung auf die Seele aus. Das gilt besonders für rhythmisch bewegtes Wasser, wie wir es von der Meeresbrandung und von Wasserfällen kennen. Sie können die stärkende, harmonisierende und entspannende Wirkung des Wasserfalls in Ihrer Wohnung und an Ihrem Arbeitsplatz genießen. Eine weite Reise zu einem wirklichen Wasserfall ist nicht nötig.

Diese Übung finden Sie auf der CD: Track 5

So wird's gemacht
1. Besorgen Sie sich das Foto eines Wasserfalls im Format von mindestens 30 x 40 cm. Wählen Sie einen starken, jedoch nicht angsteinflößenden Wasserfall aus. Achten Sie darauf, dass das fließende und stürzende Wasser vom Grün der Natur umsäumt ist, von Bäumen, Sträuchern und Gräsern. Dominierende Felsen sind nicht erwünscht.

2. Platzieren Sie das Bild so, dass es sich in Ihrem Blickfeld befindet, während Sie arbeiten oder Ihre Freizeit genießen.

3. Erleben Sie die harmonisierende, stärkende und entspannende Wirkung, ohne dass Sie sich bewusst darauf konzentrieren müssen. Sie werden spüren, wie das Bild des Wasserfalls die Atmosphäre eines Raumes und die Stimmung seiner Menschen positiv beeinflusst.

Düfte entspannen

>> Atmen Sie die Entspannung ein!

Die Wirkungen von Kräuteressenzen sind seit Jahrtausenden bekannt. So hat man zur Desinfektion von Krankenzimmern Rosmarin und Thymian verwendet. Die meisten von uns haben schon die Erfahrung gemacht, wie ätherische Öle die Stimmung beeinflussen können. Mit Weihrauch zum Beispiel, einem Harz, das verschiedene ätherische Öle enthält und eine beruhigende Wirkung hat, werden Gläubige auf den Gottesdienst eingestimmt.

Gerüche werden von der Nase aufgenommen und im Gehirn verarbeitet. Nur das Riechsystem hat eine direkte Verbindung zum limbischen System. In diesem Teil unseres Gehirns entstehen Gefühle wie Freude und Angst. Es ist auch der Ort, an dem unsere Wahrnehmungen danach bewertet werden, ob sie positiv oder negativ für uns sind. Wenn wir also das limbische System über ausgewählte Düfte veranlassen könnten, positive Emotionen auszu-

lösen, dann würde dieses Gehirnareal Wahrnehmungen, die es üblicherweise negativ bewertet, freundlicher interpretieren. Wir hätten weniger oder keinen Stress.

Welche ätherischen Öle sind geeignet?

Basilikum Das Öl gibt Lebenskraft und Lebensfreude zurück. Es wirkt gegen Depressionen und Stress. Nervöse Schlafstörungen lassen nach oder verschwinden ganz.

Geranium Die Bezeichnung ist ein Sammelbegriff für verschiedene Pelargonienarten. Diese Öle verbessern die Stimmung bei nervlichen und emotionalen Belastungen. Bei Ängstlichkeit haben sie eine beruhigende Wirkung.

Lavendel Die Pflanze kennen wir von den blauen und hellvioletten Blüten. Lavendelöl ist ideal gegen Nervosität und Schlaflosigkeit.

Mentale Entspannung

Melisse Sie stammt aus dem östlichen Mittelmeer, wächst aber überall da, wo es sonnig ist. Verwenden Sie dieses Öl bei stressbedingten Kopfschmerzen und Herzklopfen. Bei Stimmungstiefs wirkt es beruhigend und doch anregend.

Sandelholz Das Öl wird in Indien, wo es auch herkommt, seit Jahrhunderten therapeutisch eingesetzt. Es hat eine stark beruhigende und harmonisierende Wirkung.

Ylang-Ylang Der Name bedeutet so viel wie »Blume der Blumen«. Der Maccarstrauch, dessen Blüten das ätherische Öl liefern, wächst in Asien. Ylang-Ylang ist ein Stimmungsaufheller und macht gelassen.

So wird's gemacht

1. Besorgen Sie sich im Reformhaus eine Duftlampe, die es in verschiedenen Ausführungen und Preisklassen gibt. Dort oder in der Apotheke können Sie auch die Öle kaufen. Achten Sie auf völlig naturreine Öle und verzichten Sie auf gepanschte Gemische. Ihnen fehlt die entspannende und heilende Kraft.

2. Füllen Sie Wasser in die Schale, tun Sie einige Tropfen des ausgewählten Öls dazu. Dosieren Sie zurückhaltend. Zünden Sie das Teelicht an, das sich unter der Schale befindet.

3. Während Sie Ihr Tagwerk fortsetzen oder den Feierabend genießen, erleben Sie die Wirkung des ätherischen Öls.

Ruhepunkt

» Wenn der Mensch zur Ruhe gekommen ist, dann wirkt er.
(Francesco Petrarca, 1304–1374)

Starke körperliche und seelische Empfindungen haben die Eigenschaft,

sich mit dem Ereignis zu verknüpfen, in dem sie auftreten, und als Ganzes im Gedächtnis gespeichert zu werden. Sobald in der Zukunft ein wichtiger Bestandteil dieses Geschehens wahrgenommen wird, zum Beispiel Musik, wird auch wieder das Gefühl aktiviert und erlebt. Diesen Mechanismus können wir zu unserem Vorteil nutzen. Wenn Sie diese Form der Konditionierung zur Blitzentspannung einsetzen wollen, brauchen Sie ein wenig Vorbereitung.

Diese Übung finden Sie auf der CD: Track 3

So wird's gemacht

1. Suchen Sie in Ihrer Erinnerung eine Situation, in der Sie außergewöhnlich entspannt und innerlich vollkommen ruhig waren. Die Umstände des Erlebnisses und wie lange es zurückliegt, spielen keine Rolle. Wichtig ist allein Ihr Befinden seinerzeit und dass Sie sich lebendig an die Erfahrung erinnern können.

2. Machen Sie es sich sitzend oder liegend bequem und schließen Sie sanft die Augen. Beobachten Sie einige Augenblicke den Rhythmus Ihrer Atmung.

3. Gehen Sie jetzt in Gedanken zu dem positiven Ereignis zurück. Versetzen Sie sich so lebendig wie möglich in die damalige Situation. Sehen Sie alles, was dort zu sehen war. Vielleicht war es eine wunderbare Landschaft. Nehmen Sie den Geruch wahr, der zu der Situation gehörte. Womöglich war es der Duft einer frisch gemähten Wiese. Hören Sie die Geräusche dieses Augenblicks. War es das Gezwitscher von Vögeln in den Bäumen? Konzentrieren Sie sich dann auf Ihr Befinden jetzt in diesem Augenblick. Empfinden Sie so intensiv wie damals die tiefe Ruhe und innere Stärke, die Sie erfüllt hat? Genießen Sie die heitere Gelassenheit. Spüren Sie Zuversicht und Lebensfreude. Lassen Sie diese Gefühle so stark wie möglich werden.

4. Wenn Sie so weit gekommen sind, »befestigen« Sie dieses Paket von Ressourcen an einem Punkt Ihres Körpers. Tun Sie es, indem Sie die Kuppen von Daumen, Zeige- und Ringfinger Ihrer linken Hand (als Linkshänder nehmen Sie die rechte Hand) aneinanderlegen und einige Sekunden lang fest drücken. Wiederholen Sie den Druck noch zwei- bis dreimal.

5. Nachdem Sie die Übung beendet haben, prüfen Sie, ob Ihr Ruheort Wirkung zeigt. Legen Sie wieder die drei Finger zusammen. Sobald Sie einen mittleren Druck ausüben, sollte in Ihnen das gespeicherte Gefühl ausgelöst werden. Geschieht dies noch nicht befriedigend, wiederholen Sie die Schritte 1 bis 4 mit einer anderen Ruheerfahrung.

6. Von jetzt an können Sie den Ruheort in Ihrem weiteren Leben immer dann nutzen, wenn Sie das Gefühl, die Einstellung und Fähigkeiten brauchen, die Sie beim Erinnern der damaligen Situation aktiviert und sodann gespeichert hatten. Sie brauchen nichts anderes zu tun, als die Kuppen der drei Finger zusammenzulegen und einen mittleren Druck auszuüben. Das können Sie in jeder Umgebung und bei jeder Tätigkeit tun: während eines Gesprächs, wenn Sie »angemacht« werden, in einer Prüfung oder bei einem Vortrag.

Wenn's ganz schnell gehen muss

Die Entspannungs-Notbremse: Entfliehen Sie stressigen Situationen mit Übungen, die nur wenige Minuten dauern.

Schnelle Entspannung

Erproben Sie die vorgestellten Maßnahmen. Ihre Besonderheit liegt darin, dass Sie sie in Stresssituationen, in denen Ihnen alles zu entgleisen droht, und Akutsituationen einsetzen können.

Versetzen Sie sich in die folgende Situation: Sie nehmen an einer Besprechung teil, in der unter anderem ein Projekt diskutiert wird, für das Sie verantwortlich sind. Bei diesem Vorhaben ist nicht alles nach Plan gelaufen. Sie wollen die Hintergründe darstellen. Aber schon nach wenigen Augenblicken sehen Sie sich bösartigen Attacken ausgesetzt. Sie haben kaum die Möglichkeit, einen Satz zu beenden. Man unterbricht und beschimpft Sie. Hämische Bemerkungen und persönliche Verunglimpfungen kommen hinzu.

Sie spüren, wie Zorn und Hilflosigkeit in Ihnen aufsteigen. Sie merken aber auch, wie Ihnen das klare Denken abhanden kommt. Ihnen gehen die Argumente aus. Die Gedanken drehen sich wirr im Kreis. Ihre sonst gerühmte Schlagfertigkeit ist weg. Sie möchten schreien oder um sich schlagen oder in einem Mauseloch verschwinden oder alles gleichzeitig.

Was können Sie in einem solch schrecklichen Moment tun? Probieren Sie eine der folgenden Übungen.

Schnelle Entspannung

Sie wirken auch dann, wenn es um Sie herum und in Ihnen drunter und drüber geht. Die eine oder andere Technik sollten Sie vorher trainieren. Andere können Sie ab sofort in Ihrem Alltag testen.

Spürsinn

>> Hören Sie in sich hinein – sind Sie entspannt?

Merkwürdigerweise bezieht sich unser hoch entwickelter Spürsinn fast ausschließlich auf die anderen, auf unser Umfeld. Was antworten wir aber auf die Frage: »Und was spürst du von dir?« Ehrlich gesagt, eigentlich wenig. Gut, wenn wir Schmerzen haben, an den Zähnen oder im Magen, das spüren wir schon. Aber sonst?

Wer gelernt hat, in sich hineinzuspüren, seine Ohren nach innen zu richten, der erfährt nicht nur viel über sich, über sein aktuelles Befinden und über sich anbahnende Probleme. Er kann dadurch auch zu sich selbst finden, zur Ruhe kommen, Gelassenheit entwickeln, Zuversicht und Lebensfreude aufbauen. »Spürsinn« beweist, dass sich Entspannung auch ohne komplizierte Übungen erreichen lässt.

Diese Übung finden Sie auf der CD: Track 8

So wird's gemacht
1. Setzen Sie sich bequem auf einen Stuhl.

2. Ziehen Sie die Schultern nach oben, lassen Sie sie fallen, und schließen Sie die Augen. Atmen Sie tief ein und betont aus.

3. Lenken Sie Ihre Wahrnehmung in Ihren Leib und spüren Sie, wie sich dort eine leichte Wärme ausbreitet.

4. Stellen Sie sich ein Gefühl von Schwere und Wärme zunächst in der rechten, dann in der linken Hand vor.

5. Lassen Sie auch in Ihrem rechten Fuß ein Gefühl von angenehmer Wärme entstehen. Anschließend ist der linke Fuß dran.

6. Wenn Sie jetzt die Kopfhaut und das Gesicht erfühlen, bemerken Sie, wie sich dieser Bereich auf angenehme Weise entspannt.

7. Achten Sie im nächsten Schritt auf Ihren Nacken, die Schultern und den Rücken und spüren Sie, wie sich auch in dieser Körperregion ein angenehmes Gefühl von Gelöstheit und Wärme ausbreitet.

8. Beenden Sie die Übung, indem Sie Ihre Hände zu Fäusten ballen, die Arme kräftig recken und strecken und die Augen vorsichtig öffnen. Spüren Sie der Wärme nach.

Christiaan-Barnard-Schnellentspannung

>> Unterbrechen Sie negative Denkmuster!

Stress beginnt im Kopf. Sie deuten eine Situation zunächst nur als auffällig, gleich darauf als fragwürdig und im nächsten Augenblick als bedrohlich. Aus der Frage wird eine Vermutung. Sie wächst sich rasch zur Befürchtung aus. Es dauert nicht mehr lange und Sie sind absolut sicher: Man hat was gegen Sie, man lehnt Sie ab, man will Ihnen schaden.

Oft sind es geringfügige Anlässe, die eine solche Gedankenkette in Gang setzen:
- Ein Fahrgast in der U-Bahn schaut Sie merkwürdig an.
- Eine Kollegin geht grußlos an Ihnen vorbei.
- Der Chef lehnt Ihren Verbesserungsvorschlag ab.

Schnelle Entspannung

- Ihr Partner/Ihre Partnerin ist immer noch nicht zu Hause.
- Ein Freund gratuliert nicht zum Geburtstag.

Die Schnellentspannung, die dem bekannten Herzchirurgen Christiaan Barnard zugeschrieben wird, unterbricht dieses negative Denkmuster und sorgt für eine rasche Entspannung.

So wird's gemacht

1. Wenn Sie merken, dass sich negative Gedanken in Ihnen auszubreiten beginnen, sagen Sie zu sich selbst ein klares und deutliches »Halt«.

2. Atmen Sie langsam ein, atmen Sie langsam aus. Lassen Sie dabei die Schultern fallen und entspannen Sie die Hände.

3. Atmen Sie noch einmal tief ein und überzeugen Sie sich beim Ausatmen davon, dass die Zähne locker aufeinander liegen und nicht aufeinandergepresst sind.

4. Machen Sie noch einige ruhige Atemzüge und beenden Sie dann die Übung.

Drei-Schritt-Selbstkontrolle

>> Ermuntern Sie sich selbst.

Diese Technik ist auch in der Verhaltenstherapie wegen ihrer zuverlässigen Wirkung sehr verbreitet. Sie hat das Ziel, negative Gedankenmuster rasch zu unterbrechen und Vorstellungen von Ruhe und Gelassenheit wirksam werden zu lassen.

Einerseits ähnelt sie der Christiaan-Barnard-Schnellentspannung. Andererseits unterscheidet sie sich in zwei wesentlichen Elementen von ihr. Sie verwendet eine Selbstermunterung, nämlich das Wort »Ruhe«. Außerdem gehört eine Visualisierung, also ein inneres Bild zu dieser Technik: Im dritten Schritt stellen Sie sich vor, an einem Ort zu sein, der für Sie ein Symbol für Ruhe ist. Das kann ein Sandstrand, ein Berggipfel, die helle Lichtung in einem Wald oder ein ganz anderer Platz sein.

So wird's gemacht

1. Wenn Sie merken, dass sich negative Gedanken in Ihnen auszubreiten beginnen, befehlen Sie sich ein klares und deutliches »Stopp«.

2. Richten Sie dann Ihre Aufmerksamkeit auf Ihre Atmung und denken Sie aktiv mit jedem Ausatmen das Wort »Ruhe«.

3. Begeben Sie sich in Gedanken an Ihren Ruheort. Machen Sie es sich dort bequem und entspannen Sie sich – auch wenn diese Entspannung nur einige Sekunden dauert.

Singen

>> Singen Sie, und zwar aus vollem Herzen.

Gehören Sie vielleicht zu den Menschen, die allen Ärger in sich hineinfressen, statt ihn laut anzusprechen? Haben Sie die Neigung, es allen möglichst recht zu machen? Fällt es Ihnen schwer, sich zu wehren und Ihr Recht durchzusetzen? Kommt es vor, dass Sie manchmal das Gefühl haben, man nutzt Sie aus? Können Sie nicht »Nein« sagen? Sind Sie oft verspannt?

Ja, Sie wissen, Sie sollten Ihr Verhalten ändern. Aber das ist leicht gesagt und schwer getan. Deshalb biete ich Ihnen einen ersten Schritt an, den Sie sicher gehen können, der Sie entlasten und Ihnen Mut machen wird, auf diesem Weg weiterzugehen.

Das Rezept ist ganz einfach. Singen Sie. Singen Sie laut und aus vollem Herzen. Lassen Sie so Ihren Ärger raus. Lösen

Sie Ihre negativen Gedanken auf. Und das Kloßgefühl im Hals gleich mit. Singen Sie die Tonleiter rauf und runter. Singen Sie Melodien, die Ihnen in der jeweiligen Situation guttun: eine herzige Schnulze, einen zackigen Marsch, ein süßes Operettenlied, einen rauchigen Blues, einen fetzigen Jazz, einen jodelnden Ländler, einen romantischen Countrysong oder ein eigenes Gemisch aus alledem.

So wird's gemacht

1. Sie haben gerade eine ärgerliche Situation hinter sich gebracht oder es steht Ihnen ein bedrohliches Ereignis bevor? Entschließen Sie sich, Ihrer Seele singend Luft zu machen.

2. Singen Sie bekannte oder selbst erfundene Melodien. Singen Sie mit aller Leidenschaft. Achten Sie nicht auf Schönheit. Am besten, Sie singen im Stehen oder gehen dabei herum.

3. Achten Sie darauf, dass Sie besonders das laute »Iiih« singen, denn das ist eine Frequenz, die fröhlich stimmt. Sollten Sie sich anfangs nicht trauen, einfach draufloszusingen, legen Sie eine CD auf und trällern Sie mit.

Verlangsamen

>> Was ohne Ruhepausen geschieht, ist nicht von Dauer.
(Ovid, 43 v. Chr.–17 n. Chr.)

Wenn sich Menschen unter Druck fühlen, arbeitet der Organismus auf Hochtouren. Das ist verständlich, denn es gilt ja, nach der ursprünglichen Stressfunktion – im nächsten Moment eine große Kraftanstrengung zu vollbringen. Die Atmung geht flach und hektisch. Manche geraten dabei sogar in Atemnot. Das Sprechtempo ist stark erhöht. Das kann so weit gehen, dass Worte verschluckt werden, dass gestammelt und gestottert wird, dass

Sätze begonnen und nicht zu Ende geführt werden. Die Gesten und andere Körperbewegungen sind hastig, fahrig und oft unkontrolliert. Diese psychisch verursachte körperliche Hektik wirkt als Feedback-Schleife wieder zurück auf das seelische Befinden und verstärkt die Gefühle von Stress, Unsicherheit, Angst.

Wie ganz anders verhalten sich dagegen Menschen, die entspannt und gelassen in sich ruhen! Sie sprechen langsam und bedächtig, atmen tief und gleichmäßig, bewegen sich kontrolliert, fast gemächlich. Keine überflüssigen Bewegungen, kein unkontrolliertes Hin und Her. Da ist nichts, was nicht einen Sinn hätte.

Die Technik des Verlangsamens setzt am beobachtbaren Verhalten an, an der Sprechweise, dem Sprechtempo, der gesamten Körpersprache einschließlich der Gestik und Mimik. Sie wirkt aber nicht nur an der Oberfläche, sondern führt bald zu innerer Ruhe und Ausgeglichenheit. Besonders das Auflösen von Denkblockaden im Prozess des Verlangsamens ist eine beeindruckende und wohltuende Erfahrung, die diese Übung mit sich bringt.

So wird's gemacht

1. Sobald Sie bemerken, dass Ihr Atmen, Ihre Sprache und Ihre Bewegungen sich stressbedingt beschleunigen, schalten Sie zunächst auf das verzögerte Ausatmen um (siehe Seite 30). Tun Sie das, bis Sie spüren, wie Ihre Atmung sich beruhigt und tiefer wird. Oft reichen schon fünf bis zehn Atemzyklen.

2. Verlangsamen Sie jetzt alle Ihre Verhaltensweisen und Handlungen:
– Sprechen Sie bedächtig und deutlich.
– Gehen Sie langsam und beherrscht durch den Raum.
– Blättern Sie betont gemächlich in Ihren Akten.
– Denken Sie nur an ein Thema zur gleichen Zeit.
– Steuern Sie Ihr Auto behutsam durch den Verkehr.
– Genießen Sie Ihre Mahlzeiten, indem Sie jeden Bissen in Ruhe kauen.

3. Achten Sie darauf, dass alles was Sie tun und sagen eine Funktion hat. Also kein Herumzupfen an Krawatte und Kragen, kein nervöses Fingertrommeln, kein zielloses Hin- und Hergehen, kein mechanisches Sortieren auf dem Schreibtisch.

4. Nach einiger Zeit werden Sie bemerken, wie in Ihrem Inneren Ruhe und Gleichmut einkehren. Jetzt können Sie das erzwungene Verlangsamen beenden.

Per Fingerdruck entspannt

》 Mit Druck entspannt.

Diese außerordentlich wirkungsvolle Übung basiert auf der Erkenntnis, dass Druck von oder auf Fingerkuppen bestimmte Atemimpulse auslöst. Diese Signale lassen sich nutzen, um in kürzester Zeit Ruhe und Entspannung zu finden.

Sie wissen, wenn Sie angespannt und nervös sind, verändert sich auch Ihre Atmung. Sie wird flach und schnell. Wenn es Ihnen in einer solchen Situation gelänge, den Atem zu beruhigen, würden Sie auch innerlich ruhiger werden. Genau das können Sie ab sofort in allen Stressphasen tun.

So wird's gemacht

1. Nehmen wir an, Sie geraten durch irgendeinen Anlass in Stress. Unauf-fällig legen Sie die Kuppen der kleinen Finger und die der Zeigefinger zu zwei Paaren gegeneinander und üben einen mittleren Druck aus.

2. Mit Ihrer Aufmerksamkeit bleiben Sie in der Situation, beim Streitgespräch, Ihrer Rede oder in der Prüfung.

3. Sie werden erleben, dass die flache Stressatmung nach unten in den Bauchraum wandert und Sie gleichzeitig deutlich ruhiger und gelassener werden.

4. Sie brauchen den Druck nur wenige Atemzüge lang auszuüben, können dann wieder Ihre Hände für Ihre Gesten oder zum Schreiben oder wozu auch immer benützen.

5. So wie diese Technik hilft, Stress zu überwinden, kann sie auch eingesetzt werden, Stress zu vermeiden. Legen Sie die Fingerkuppen zusammen, bevor Sie unruhig werden.

Notfallpunkt

》 Schnelle Hilfe im Akutfall.

Gibt es Situationen, in denen Sie das Gefühl haben, alles wächst Ihnen über den Kopf? Sie verlieren den Boden unter Ihren Füßen und gleichzeitig stürzt Ihnen die Decke auf den Kopf?

Diese entsetzlichen Momente scheinen ohne Ausweg zu sein und schnurstracks ins Chaos zu führen. In ihnen fühlt man sich vollkommen hilflos. Spätestens jetzt brauchen Sie den »Notfallpunkt«, der Sie zur Ruhe bringt und Ihnen hilft, wieder die Übersicht zu gewinnen, um dann Schritt für Schritt das Nötige zu tun.

So wird's gemacht

1. Sobald Sie eine Situation als stark bedrohlich erleben, konzentrieren Sie sich auf das verzögerte Ausatmen.

2. Währenddessen suchen Sie den Notfallpunkt. Sie finden ihn genau in der Mitte Ihrer Handflächen. Tut der Punkt beim Draufdrücken weh, ist das ein klarer Hinweis, dass Sie übermäßig angespannt sind.

3. Drücken Sie diesen Punkt links und rechts mehrere Male, bis Sie wahrnehmen, dass Sie sich besser und klarer fühlen.

Schnelle Entspannung

Abreaktion zur kurzfristigen Entlastung

» Lassen Sie alles raus.

Manche Erfahrungen laden einen so gewaltig auf, dass man fast explodieren könnte. Man spürt förmlich, wie der ganze Körper von einer enormen Spannung erfasst ist. Sie reicht von den Zehen bis zur Kopfhaut. Auch die Gefühle sind auf dem Siedepunkt angekommen, sei es Wut, Hilflosigkeit oder Angst.

Bitte tun Sie jetzt eines: Hören Sie auf, ständig nett zu sein, wirken Sie nicht permanent friedlich, lächeln Sie nicht unaufhörlich (es sei denn, Sie wollen es gezielt als Wohlfühl-Lächeln einsetzen), obwohl es in Ihnen kocht und brodelt.

Wenn Sie schon fast explodieren könnten, dann tun Sie es doch auch einmal.
- Sprechen und weinen Sie sich aus;
- schimpfen Sie, so laut Sie können;
- schreiben Sie einen wütenden Brief und entscheiden Sie am nächsten Tag, ob Sie ihn abschicken;
- werfen Sie die blöde Akte in die Ecke;
- rennen Sie ein paar Treppen rauf und wieder runter;

- schlagen Sie mit der Faust auf den Tisch.

Dieses Abreagieren tut ungemein gut, ist allerdings völlig ungeeignet für Menschen, die
- dabei gern ihre Macht über andere ausspielen;
- cholerisch veranlagt sind;
- es nicht jederzeit an- und auch wieder abstellen können, weil
- sie die Kontrolle über sich verlieren.

So wird's gemacht
1. Wenn Sie spüren, dass Sie vor Spannung platzen könnten, dann tun Sie's einfach. Sorgen Sie allerdings dafür, dass nicht andere Menschen darunter leiden müssen.

2. Stellen Sie langfristig sicher, dass Sie künftig nur noch selten oder gar nicht mehr in solche Situationen kommen. Erlernen Sie zum Beispiel das Autogene Training oder nutzen Sie andere der hier vorgestellten sanften Techniken.

Wahrnehmungslenkung in Akutsituationen

》 Konzentrieren Sie sich auf die Ruhe-Wahrnehmung.

Phasen übergroßer Anspannung und Belastung bringen es mit sich, dass die Aufmerksamkeit vollständig auf den Stressauslöser gerichtet ist. Alles andere wird ausgeblendet und kaum noch wahrgenommen. Im alten Stress-reaktionsmuster war dies auch sehr sinnvoll. Dort ging es allein darum, die heraufziehende Gefahr zu meistern, per Kampf oder Flucht. Das Bewusstsein musste sich deshalb allein auf die Be-drohung und ihre Beseitigung konzent-rieren und durfte sich durch nichts und niemand davon ablenken lassen.

In heutigen Stress-Situationen kann diese eingeschränkte Wahrnehmung problematisch sein. Stellen Sie sich vor, Sie sind auf einer Versammlung und leisten einen Diskussionsbeitrag. Wäh-rend Sie reden, entdecken Sie plötzlich, wie einer der Zuhörer ein ziemlich hämisches Grinsen aufsetzt. Sie deuten das als bösartigen Kommentar zu Ihren Ausführungen. Das verunsichert Sie. Sie spüren, wie sich Schweißperlen auf

Ihrer Stirn bilden. Hoffentlich merkt das keiner, befürchten Sie. Je mehr und länger Sie sich mit dem Stressor und Ihrer Reaktion befassen, umso weniger aufmerksam sind Sie bei Ihrem Vortrag. Sie geraten ins Stottern, verlieren die Übersicht. Ihr Redebeitrag endet kläglich.

Wahrnehmungslenkung als Technik zur Schnellentspannung heißt in diesem Zusammenhang, seine Aufmerksamkeit von dem, was einen stört und belastet, abzuziehen. Gleichzeitig konzentrieren Sie sich auf neutrale Vorgänge oder Wahrnehmungen, die Ihren Diskussi-onsbeitrag nicht stören. Diese Technik können Sie in allen Situationen ein-setzen, in denen von Ihnen eine hohe Leistung erwartet wird, zum Beispiel
- Vortrag halten,
- Streitgespräch führen,
- kompliziertes Gerät bedienen,
- sportlichen Wettkampf bestreiten.

Schnelle Entspannung 79

So wird's gemacht

1. Sie erkennen die Gefahr, dass Ihre Aufmerksamkeit durch einen Stressfaktor abgelenkt werden könnte.

2. Achten Sie zunächst darauf, dass Ihre Körpersprache und Sprechweise der Situation und Aufgabenstellung angemessen bleiben.

3. Richten Sie Ihre Aufmerksamkeit für einen kurzen Moment auf neutrale Wahrnehmungen des eigenen Körpers

(zum Beispiel das Gesäß, die Zehen eines Fußes, den Rücken) oder der Umgebung. Pendeln Sie mit Ihrer Konzentration zwischen diesen Wahrnehmungen und der eigentlichen Situation. Bei den Ruhe-Wahrnehmungen bleiben Sie nicht länger als zwischen zwei und fünf Sekunden.

4. Den Stressfaktor übersehen Sie, zumindest so lange, bis Sie Ihre aktuelle Unsicherheit überwunden haben.

Glückseliger Blick in die Zukunft

›› Genießen Sie die Vorfreude.

Von einem Reiter lernte ich, dass er, wenn er mit seinem Pferd auf ein Hindernis zureitet, über diese Hürde hinweg und in den Raum dahinter schauen muss, wenn er es überwinden will. Nur dann schaffen Pferd und Reiter die Hürde. Starrt er auf das Hindernis, dann bleibt das Pferd davor stehen, bricht aus oder läuft in die Barriere hinein.

Fixiert man das Hindernis – was dies auch im Alltag sein mag –, kann dies bewirken, dass man sich auf das Problem konzentriert, sich die Schwierigkeit ausmalt, Angst aufbaut, ans Scheitern denkt. Die Kräfte werden blockiert.

Die Augen über die Hürde zu lenken bedeutet dagegen, dass man das Ziel in den Blick nimmt, den Erfolg gedanklich im Voraus erlebt, ein Stück Vorfreude genießt. Dies macht Mut und setzt große Kräfte frei.

Der glückselige Blick in die Zukunft
- blendet die angstmachende Gegenwart aus,
- mobilisiert Ihre geistig-seelische Ressourcen,
- aktiviert körperliche Selbstheilungskräfte,
- baut Zuversicht und Selbstvertrauen auf.

Deshalb kann dieses Verfahren sehr nützlich sein, zum Beispiel
- bei Flugangst
- vor oder während eines schwierigen Gesprächs,
- vor oder während einer Verhandlung,
- vor oder während einer Prüfung,
- vor einer komplizierten Operation,
- immer dann, wenn einem angst und bange ist.

So wird's gemacht

1. Sie stehen vor oder in einer belastenden Situation. Klären Sie, was Ihnen Schönes und Positives widerfahren wird, wenn Sie diese Situation gemeistert haben werden. Stellen Sie sich dieses so lebendig und anschaulich wie möglich vor. Genießen Sie, was Sie erwarten wird.

2. Falls Sie sich auf das Ereignis vorbereiten können (Prüfung, Flugreise usw.), dann nehmen Sie sich dafür täglich drei Minuten Zeit.

Anti-Angst-Atmung

》 Hilft schnell bei Hyperventilation.

Wenn Menschen eine starke Stressreaktion zeigen, kommt es fast immer zu einer schnellen und flachen Brustatmung, einer sogenannten Hyperventilation. Die übermäßig beschleunigte Atmung erhöht den Sauerstoffpartial-

Schnelle Entspannung

druck, während der Kohlensäurepartialdruck sinkt. Die Balance zwischen Sauerstoff und Kohlendioxid im Blut gerät aus dem Gleichgewicht. Das kann zu Unwohlsein, Schwindel und Herzklopfen führen. Dadurch wird die Angst noch mehr gesteigert und die Atemfrequenz weiter erhöht. Letztendlich kann es zu ernsten Angstanfällen und Panikzuständen kommen.

Ein einfaches und doch zuverlässiges Mittel ist die Anti-Angst-Atmung. Sie hat das Ziel, die Balance zwischen Sauerstoff und Kohlendioxid im Blut wiederherzustellen. Diese Technik können Sie in jeder Situation für sich, aber auch für andere Menschen einsetzen, die in Panik geraten.

So wird's gemacht

1. Ihnen wird bewusst, dass Sie sehr schnell und flach atmen. Sie spüren Angst in sich aufsteigen.

2. Legen Sie beide Hände gewölbt über Nase und Mund, sodass Sie beim Einatmen praktisch keine sauerstoffreiche Luft, sondern Ihre eigene Ausatmungsluft einatmen.

3. Atmen Sie ein bis drei Minuten in Ihre gewölbten Hände, bis sich die Angstsignale vermindern.

4. Wenn sich in der Zukunft Angst bemerkbar macht, halten Sie den Mund geschlossen und atmen langsam durch die Nase.

Ärger nach Plan

>> Gerate niemals überstürzt in Wut – du hast genug Zeit.
(Ralph Waldo Emerson, 1803–1882)

Haben Sie sich auch schon einmal maßlos geärgert? Es ging Ihnen bestimmt ziemlich schlecht. Der Ärger wollte

einfach nicht nachlassen. Endlich hatten Sie ihn verdrängt. Aber schon in der Mittagspause tauchte er wieder auf und verdarb Ihnen den Appetit. Nach der Arbeit vergällte er Ihnen den Feierabend. Selbst als Sie abends müde und erschöpft im Bett lagen, meldete er sich wieder und hinderte Sie am Einschlafen. Der Ärger hatte Sie voll im Griff. Er war Ihr Boss geworden.

Warum haben Sie sich denn nicht maßvoll geärgert? Sagen wir, eine Minute lang. Und Ihren Ärger dann einfach ausgeschaltet, wie den Radioapparat, wenn Sie Ihre Ruhe brauchen.

Das funktioniert sehr zuverlässig, wenn Sie sich darauf vorbereiten. Meistens ist es doch beim Ärgern so, dass sich die Anlässe wiederholen, also bekannt sind. Nur der Zeitpunkt, zu dem sie auftreten, der ist unvorhergesehen. Plötzlich ist er da. Genau das ist das Problem. Der Überraschungseffekt löst nämlich Stress aus, der blockiert das vernünftige Denken. Wir verlieren die Kontrolle und überlassen sie dem Ärger. Der Rest ist bekannt.

Deshalb sollten Sie sich auf den Ärger vorbereiten und entscheiden, wie lange Sie sich beim nächsten Anlass triezen lassen wollen.

So wird's gemacht

1. In der Stufe für Einsteiger in die Anti-Ärger-Kunst wählen Sie ein Ärger-Ereignis aus, das sicher demnächst auftreten wird. Entscheiden Sie sich für eine mittelschwere Situation, nicht für eine lächerliche, aber auch nicht für eine kaum erträgliche. Legen Sie zwei Zeiträume für das Ärgern fest. Zum Beispiel: zwei Minuten und später am Tag noch einmal eine Minute.

2. Sobald dieses Ereignis eintritt, halten Sie sich strikt an Ihren Plan. Nach wenigen Wiederholungen gelingt es Ihnen.

3. Nach vier Wochen maßvollem Ärgern sind Sie zum Anti-Ärger-Könner geworden. Legen Sie jetzt fest, wie lange Sie sich beim nächsten Anlass aufregen werden, gleichgültig um was es sich handelt. Ab jetzt werden Sie sich nur noch einmal empören, zum Beispiel 60 Sekunden, um dann wieder zu Ihrer vorigen Tätigkeit und Stimmung zurückzukehren.

Entspannungsbrille

>> Lenken Sie die Aufmerksamkeit von außen nach innen.

Es ist nicht einfach, den Alltag auszublenden und sich mit allen Sinnen und konzentriert auf den Prozess der Entspannung einzulassen. Mit einer Entspannungsbrille gelingt das sehr viel leichter. Sie sollte die Augen vor zu viel Licht schützen. Sie lenkt die Aufmerksamkeit auf natürliche Weise von außen nach innen und

- führt zu einer schnellen und tiefen Entspannung;
- ermöglicht wegen der raschen und intensiven Wirkung, kurze Zwischenzeiten zur Entspannung;
- baut nach einiger Zeit eine Entspannungsreaktion auf, die dann ohne weitere Übung und Hilfsmittel abgerufen werden kann;
- sorgt dafür, dass Entspannung immer sicher gelingt;
- schafft günstige Voraussetzungen für weitergehende Anwendungen, zum Beispiel Super-Learning, mentales Training oder Verhaltenstherapie.

Entdecken Sie weitere Möglichkeiten der Entspannungsbrille. Einige Anregungen gefällig?
- meditative Erfahrungen sammeln;
- Musik erleben und genießen;
- Pausen erholsam gestalten;
- gut in den Mittagsschlaf kommen;
- kreative Lösungen für Aufgaben und Probleme finden.

So wird's gemacht

1. Besorgen Sie sich eine Entspannungsbrille, geeignet kann eine Schlafbrille sein. Sitzen Sie bequem.

2. Setzen Sie die Brille zu Beginn der Übung sorgfältig auf. Machen Sie daraus ein kleines, feierliches Ritual. Lassen Sie sich noch einige Minuten Zeit, bevor Sie mit Ihrer Übung beginnen, um sich einzustimmen.

3. Nun führen Sie Ihre Übung durch oder genießen ganz einfach die Dunkelheit und das angenehme Gefühl, das Ihnen die Brille schenkt.

Zwischenzeiten zur Entspannung nutzen

Ärgern Sie sich beim Schlangestehen oder im Stau?
Entdecken Sie Möglichkeiten, scheinbar verlorene
Zeit für sich zu nutzen.

Entspannung für zwischendurch

Einige der hier vorgestellten Techniken helfen uns, dass wir uns ganz nebenbei entspannen, während wir uns zum Beispiel bewusst auf unsere Arbeit konzentrieren.

Im Verlauf eines Tages ergeben sich immer wieder Momente des Übergangs:

- Die Morgentoilette ist beendet, jetzt geht's zum Frühstück.
- Die Kinder haben sich auf den Weg zur Schule gemacht.
- Am Arbeitsplatz angekommen, haben wir noch einen Augenblick Zeit, bevor es richtig losgeht.
- Wir schließen eine Arbeit ab und sind dabei, eine neue zu beginnen.
- In wenigen Minuten wird ein Besucher eintreffen. Wir sind vorbereitet und warten auf ihn.
- Wir haben unseren Arbeitsplatz aufgeräumt und sind kurz davor, nach Hause zu gehen.

Sind wir uns dieser Zwischenzeiten überhaupt bewusst, und was machen wir mit ihnen? Viele Menschen hetzen von einer Aktivität zur nächsten. Ergeben sich Lücken, werden sie als ärgerliche Zwangspausen durchlitten.

Machen wir uns bewusst: Auch diese Zeiten sind ein Teil unseres Lebens. So wertvoll, weil unwiederbringlich, wie jeder andere Augenblick. Auch in diesen Minuten lohnt es sich, bewusst zu leben und ihnen einen Sinn zu geben. Dabei plädiere ich keinesfalls dafür, diese Zeithäppchen auch noch mit Arbeit auszufüllen. Das wird ja oft genug getan. Die Folge: Wir nehmen die Belastung der einen Arbeit zur nächsten mit. In unserem Bewusstsein klebt die eine Aufgabe an der anderen. Wir gönnen uns kein Durchatmen zwischendurch. So kommt es, dass wir oft schon zur Halbzeit eines Tages ausgebrannt und erschöpft sind.

Die Ziele der Nebenbei-Entspannung bestehen darin, dass wir uns ganz nebenbei entspannen, während wir uns zum Beispiel bewusst auf unsere Arbeit konzentrieren. Dafür nutzen wir positive Alltagserfahrungen, also keine gezielten Techniken, um Ruhe, Gelassenheit und Ausgeglichenheit zu finden.

Stille Phase

>> Der Weg zu allem Großen geht durch die Stille.
(Friedrich Wilhelm Nietzsche, 1844–1900)

Nehmen Sie sich Zeit zum Träumen – auch mal am hellichten Tag. Gönnen Sie sich zwischendurch eine Pause. Als würden Sie mit einem Hubschrauber aufsteigen aus dem Gequirle des Alltags. Von oben sieht alles anders aus, berührt mich nicht so stark. Vielleicht gelingt es mir sogar, den Alltag für einige Augenblicke ganz zu vergessen, um mich anschließend entspannt und gestärkt auf die Anforderungen der Arbeit einlassen zu können.

Sagen Sie nicht, Sie haben keine Zeit. Sie haben allenfalls keine Zeit, sich die stille Phase nicht zu gönnen.

So wird's gemacht
1. Richten Sie Ihren Arbeitstag so ein, dass Sie etwa zur Halbzeit des Tages –

88 Zwischenzeiten zur Entspannung nutzen

vielleicht nach dem Mittagessen – eine stille Phase einschalten. Sie kann zwischen 15 und 30 Minuten dauern.

2. Entscheiden Sie sich für einen Ort, an dem Sie nicht gestört werden können. Am besten wäre es, Sie könnten die stille Phase mit einem Spaziergang in der Natur verbinden.

3. Betrachten Sie die stille Phase nicht als Puffer, um Liegengebliebenes aufzuarbeiten. Genießen Sie diese Minuten als Zeit, in der keine Ziele zu erreichen sind, sondern die ausschließlich Ihrem Wohlfühlen dient.

Durchatmen

》 Den Puls des eigenen Herzens fühlen. Ruhe im Innern, Ruhe im Äußern. Wieder Atem holen lernen, das ist es. (Christian Morgenstern, 1871–1914)

Sie haben gerade eine Arbeit abgeschlossen. Halten Sie kurz inne. Genießen Sie es für einen Moment, dass Sie ein Zwischenziel des heutigen Tages erreicht haben. Atmen Sie durch, bevor Sie zur nächsten Etappe starten.

So wird's gemacht
1. Lehnen Sie sich in Ihrem Stuhl bequem zurück oder stellen Sie sich entspannt hin.

2. Vergegenwärtigen Sie sich, welche Arbeit Sie soeben erfolgreich beendet haben.

3. Atmen Sie tief ein, und verabschieden Sie sich mit dem Ausatmen von dieser Tätigkeit.

Augenblicke

>> Schauen Sie mal.

Bei vielen Arbeiten sitzen wir stundenlang am Schreibtisch und der Blick ist auf eine bestimmte Entfernung fixiert. Wir lesen und bearbeiten Akten oder haben unsere Augen auf den Computerbildschirm ausgerichtet.

Diese eingefrorene Arbeitshaltung führt zu Verspannungen und frühen Ermüdungserscheinungen. Wie wär's mit einigen »Augenblicken«?

So wird's gemacht
1. Sie stehen auf, gehen ans Fenster, öffnen es, recken und strecken sich.

2. Während Sie zehn tiefe Atemzüge machen, betrachten Sie in aller Ruhe, was sich Ihrem Auge dort draußen bietet.

3. Lassen Sie dann Ihren Blick gezielt springen: Schauen Sie auf etwas, das sich ganz in Ihrer Nähe befindet, dann auf etwas weit Entferntes, anschließend auf einen Punkt in mittlerer Entfernung. Machen Sie so zehn bis 20 Blicksprünge.

4. Genießen Sie die Frische und die Lebendigkeit Ihrer Augen.

Flach legen

>> Tun Sie einfach mal nichts.

Manchmal möchte man sich für einen Moment hinlegen und entspannen.

Aber es ist leider nicht möglich, weil wohl die wenigsten von uns am Arbeitsplatz über eine Liege verfügen. Besorgen Sie sich ein Badetuch, das Sie künftig für solche Zwecke bereithalten.

So wird's gemacht

1. Stellen Sie sicher, dass Sie nicht gestört werden (Türe abschließen, Telefon ausschalten).

2. Breiten Sie Ihr Badetuch auf dem Fußboden aus und legen Sie sich drauf.

3. Jetzt haben Sie die Wahl: Schauen Sie einfach in die Luft, dösen Sie vor sich hin, zählen Sie Ihre Atemzüge, gehen Sie in Gedanken an Ihren Ort der Ruhe und der Kraft oder machen Sie eine Entspannungsübung.

4. Nach ein bis drei Minuten stehen Sie auf, recken und strecken sich und freuen sich auf die nächste Aktivität.

Füße hoch

》 Legen Sie die Füße hoch.

Bei Verspannungen im Nacken- und Rückenbereich biete ich Ihnen eine Technik an, die Ihnen gute Dienste leisten wird und bei der Sie so absolut faul sein dürfen. Sie nützt auch Ihrer allgemeinen Entspannung. Außer Ihrem Badetuch brauchen Sie ein kleines Handtuch, das Sie dort unterlegen, wo Sie die stärksten Verspannungen haben, z. B. unter den Nacken oder zwischen die Schulterblätter.

So wird's gemacht

1. Stellen Sie sicher, dass Sie nicht gestört werden (Türe abschließen, Telefon ausschalten).

2. Breiten Sie Ihr Badetuch auf dem Fußboden aus und legen Sie sich drauf. Füße und Unterschenkel ruhen auf der Sitzfläche eines Stuhles, den Sie nah an Ihr Gesäß gestellt haben.

Entspannung für zwischendurch   91

3. Bleiben Sie einige Minuten entspannt liegen. Nehmen Sie Ihre Atmung wahr. Lenken Sie die Ausatemströme in der Vorstellung durch die verspannten Muskelpartien.

4. Beenden Sie die Übung, indem Sie sich genüsslich rekeln, dehnen und strecken.

Schlafpause

>> Ein kurzes Schläfchen sorgt für neue Energie.

Sich zwischendurch flachlegen ist ja ganz schön, doch hin und wieder wäre eine kurze Schlafpause noch wohltuender. Warum nicht? In 5 bis 15 Minuten kann man sich durchaus spürbar erholen. Vielleicht wagen Sie es noch nicht, weil Sie befürchten, nicht rechtzeitig aufzuwachen.

Seien Sie unbesorgt, mit der Aufwach-Programmierung lösen Sie auch dieses Problem. Manchen Menschen gelingt es bereits beim ersten Versuch. Andere üben es ein paar Mal, bis es auch bei ihnen zuverlässig klappt.

So wird's gemacht
1. Stellen Sie sicher, dass Sie nicht gestört werden.

2. Rücken Sie zwei Tische zusammen oder breiten Sie Ihr Badetuch auf dem Fußboden aus. Legen Sie sich drauf.

3. Schließen Sie die Augen und programmieren Sie sich, indem Sie sich in Gedanken mehrmals sagen: »Ich schlafe tief und fest. In fünf (10, 15) Minuten wache ich frisch und munter auf.« Stellen Sie sich dabei einen Uhrzeiger vor, der über die geplante Zeitspanne läuft.

4. Schlafen Sie ein. Zur festgelegten Zeit wachen Sie frisch und munter auf.

Sekundenschlaf

>> Tiefenentspannung nach Sekunden.

Stellen Sie sich vor, Ihre kleine Tochter hat Sie die ganze Nacht wach gehalten. Mal hatte sie Hunger, dann hat Sie einfach nur gequengelt, schließlich wollte sie, dass Sie mit ihr spielten. Kurz gesagt, nicht eine Minute lang war an Schlaf zu denken. Jetzt sitzen Sie an Ihrem Schreibtisch und sind hundemüde. Jeden Moment könnten Sie einschlafen. Aber Sie müssen arbeiten. Was tun?

Der Sekundenschlaf dauert zwischen 30 Sekunden und drei Minuten. Danach fühlen Sie sich sehr viel frischer und sind erheblich leistungsfähiger. Wie ist das möglich? Immer wenn Sie einschlafen, sinken Sie sehr rasch in einen Zustand sehr tiefer Entspannung, deren Erholungseffekt besonders groß ist. Im Sekundenschlaf nutzen wir die Wirkungen dieses ersten Tales.

So wird's gemacht

1. Nehmen Sie auf einem Stuhl oder in einem Sessel so Platz, dass Sie einigermaßen bequem, vor allem aber stabil sitzen. In Ihrer Hand halten Sie einen schweren Schlüsselbund oder einen anderen Gegenstand. Ihre Unterarme liegen entspannt auf den Oberschenkeln.

2. Stellen Sie ein Gefäß so auf den Boden, dass der Schlüsselbund drauf- oder hineinfallen würde, wenn Sie ihn losließen. Ein Blechteller wäre geeignet, denn der herabfallende Gegenstand soll Krach machen.

3. Schließen Sie die Augen und sinken Sie hinein in einen wunderbaren Zustand der Entspannung. Im tiefsten Schlaftal angekommen, ist Ihr Körper vollkommen entspannt. Selbst die Muskeln Ihrer Hände sind so schlaff, dass Sie den Schlüsselbund nicht mehr halten können. Scheppernd fällt er auf den Blechteller. Sie schrecken hoch und sind hellwach.

Sauerstoffdusche

>> Holen Sie tief Luft.

Unser Organismus ist auf Sauerstoff angewiesen, wenn er störungsfrei funktionieren soll. Allein das Gehirn verbraucht 25 Prozent des Sauerstoffs, den wir einatmen. Sauerstoffmangel beeinträchtigt das Wohlbefinden, die Leistungsfähigkeit und die Gesundheit. Während der vielen Stunden, die wir – oft in starrer Haltung – in schlecht gelüfteten Arbeitsräumen zubringen, entsteht leicht ein Sauerstoffmangel. Nutzen Sie eine Ihrer Zwischenzeiten für eine erfrischende Sauerstoffdusche. Diese Übung ist auch zu empfehlen, wenn Sie einen Spaziergang oder eine Wanderung machen.

So wird's gemacht

1. Gehen Sie an die frische Luft oder stellen Sie sich ans geöffnete Fenster.

2. Legen Sie die Hände so zusammen, dass alle fünf Fingerkuppenpaare Kontakt zueinander haben, also die Kuppen der beiden kleinen Finger, die der Zeigefinger usw.

3. Drücken Sie rund zehn Atemzüge lang die Fingerkuppen mit einem mittleren Druck aufeinander und atmen Sie dabei normal weiter.

4. Sie erleben eine tiefgehende Atmung, die alle Körperräume ausfüllt und den gesamten Organismus intensiv mit Sauerstoff versorgt.

In Licht baden

》 Lassen Sie die Sonne in Ihr Leben.

Wir brauchen zum Leben natürliches Licht. Es steuert unsere innere Uhr, zum Beispiel den Wach-Schlaf-Rhythmus. Wer seinen Tag überwiegend bei künstlichem Licht verbringt, fühlt sich oft nervös, angespannt und aggressiv. Die häufigen, gefürchteten Herbst- und Winter-Depressionen haben ihre Ursache in den kürzeren Tagen, wenn die Sonne seltener scheint. Dann steigt das Schlafbedürfnis, aber es kann nicht wirklich befriedigt werden. Auch nach einem langen Schlaf fühlen sich viele Menschen müde und ausgelaugt.

Besonders bei Frauen kann beobachtet werden, dass sich Ihr Körpergewicht zwischen Herbst und Frühjahr auf scheinbar unerklärliche Weise um bis zu 8 kg erhöht. Auch das ist auf den Mangel an natürlichem Licht zurückzuführen, weil dadurch ein gewaltiger Hunger nach Kohlenhydraten entsteht.

Am besten wäre es, während der düsteren Wintertage für ein paar Wochen dorthin zu reisen, wo die Sonne strahlend hell vom Himmel scheint. Weil das so ohne Weiteres nicht immer möglich sein wird, ist die Licht-Therapie eine wirksame Hilfe.

So wird's gemacht

1. Sie brauchen eine Helligkeit von mindestens 2 500 Lux. Vollspektrum-Lampen weisen diese Lichtstärke auf. Dieses Licht enthält alle Bestandteile des natürlichen Lichts. Besorgen Sie sich eine solche Lampe.

2. Es genügt, wenn Sie Ihr Gesicht während der dunklen Jahreszeit und in Phasen übergroßer Anspannung täglich ein bis zwei Stunden diesem Licht aussetzen. Das kann während der Schreibtischarbeit, der Zeitungslektüre oder beim Fernsehen geschehen.

3. Sie spüren Entspannung, Wohlbefinden und zunehmende Leistungsstärke. Außerdem werden Ihr Immunsystem und Ihre Stressstabilität gestärkt.

Bewegen

》 Auf geht's, bringen Sie Ihren Kreislauf in Schwung.

Mit ein wenig Bewegung können Sie mehrere Ziele erreichen. Sie bringen Ihren vom langen Sitzen lahm gewordenen Kreislauf in Schwung, was Ihre Wachheit, Konzentrationsfähigkeit und Vitalität stärken wird. Zweitens werden Sie Ihre verspannte Muskulatur lockern und dadurch ein vorzeitiges Ermüden vermeiden sowie Ihre Leistungsfähigkeit deutlich verbessern. Drittens sorgen Sie für einen realen und mentalen Tapetenwechsel, der Ihnen hilft, Abstand zum Tagesgeschehen zu gewinnen.

So wird's gemacht

1. Schwingen Sie sich aus Ihrem bequemen Stuhl hoch und verlassen Sie Ihren Arbeitsraum.

2. Entscheiden Sie sich für einen Treppenlauf oder einen Minispaziergang außerhalb des Hauses.

3. Legen Sie ein flottes Tempo vor. Denken Sie jetzt nicht über Probleme nach. Bleiben Sie in der Gegenwart. Beachten Sie die Umgebung, in der Sie sich bewegen, und erzählen Sie sich still oder halblaut, was Sie sehen, hören, riechen und fühlen.

Strichmännchen malen

›› Kritzeleien entspannen.

Manchmal sind es nur Winzigkeiten, die Entspannung schenken können, zum Beispiel Strichmännchen malen. Kritzeln Sie ganz selbstversunken, ohne jeden Leistungsanspruch, Sie lösen sich so von belastenden Problemen. Der Alltag ist weit weg. Innerer Druck weicht. Ruhe kehrt ein.

Andererseits kann das Stricheln lustiger Figuren auch die Aufmerksamkeit stärken. Zum Beispiel beim konzentrierten Zuhören oder Nachdenken.

So wird's gemacht
Es bedarf keiner mehrstufigen Gebrauchsanweisung. Nutzen Sie die nächstbeste Gelegenheit. Malen Sie einfach drauf los, auf einer Serviette, auf dem Rand einer Zeitung, auf Ihrer Schreibtischunterlage. Seien Sie mit Ihren Blicken bei Ihrem Männchen, das gerade entsteht. Genießen Sie die Freiheit, dass es aussehen kann, wie es mag. Was auch entsteht, es ist gut so.

Wartezeiten überbrücken

›› Nutzen Sie die freie Zeit.

Wartezeiten werden oft als ärgerliche Pausen empfunden. Sie hindern einen, sich um Wichtiges zu kümmern. Sie erscheinen sinnlos, als pure Zeitvergeu-

dung. Wartende fühlen sich gefangen. Das gilt ganz besonders für Menschen, die ständig in Eile sind und schnell ungeduldig werden. Am Bahnsteig wird gewartet, beim Friseur sitzt man nur herum, am Telefon wird man zigmal verbunden und wartet.

Dabei stecken im Warten unerwartete Chancen. Welch ein Glück. Unverhofft ist mir Zeit geschenkt worden. Zeit, die ich jetzt nutzen kann, die ich nicht planen muss. Wartezeit kann tatsächlich ein kleines Geschenk sein.

Wie kann ich es genießen, das Beste daraus machen? Wie gehe ich mit Zeiten des Wartens sinnvoll um?

So wird's gemacht

1. Klären Sie, in welchen Situationen Sie häufig warten müssen und welche davon Sie als besonders ärgerlich empfinden.

2. Beschaffen Sie sich Hilfsmittel für ein lustvolles Warten:

– Packen Sie Lesestoff ein, am besten kurze Texte; erst als Fortgeschrittener werden Sie auch Romane in kleinen Portionen zu schätzen wissen.
– Legen Sie Ihr Strickzeug bereit. Stricken hat nebenbei eine entspannende Wirkung.
– Wenn Sie Notizblock und Stift einstecken, könnten Sie beim Warten das zeichnen, was sich gerade um Sie herum tut.
– Mit Notizblock und Stift ausgestattet, könnten Sie auch kleine Texte und Gedichte verfassen oder Ideen sammeln.
– Wer mag, kann beim Warten Kreuzworträtsel lösen.

3. Ist dann die Wartesituation da, dann freuen Sie sich über das Geschenk. Vielleicht macht Ihnen das Warten so viel Spaß, dass Sie anderen den Vortritt lassen.

Orte der Entspannung aufsuchen

›› Ab nach draußen.

Gehen Sie, wann immer Sie Ruhe brauchen, abschalten und den Kopf klären wollen, an einen Ort, der Ihnen dies geben kann. Je nach Temperament, Befinden und Bedürfnis könnten Sie
- sich auf eine Wiese setzen
- einen See umrunden
- einem Bächlein lauschen
- einen Wasserfall bestaunen
- sich im Botanischen Garten an exotischen Pflanzen erfreuen
- im Zoo Tiere und Menschen beobachten
- die Stille in einer Kirche genießen
- in einer Buchhandlung oder Bibliothek schmökern
- in aller Ruhe ein Bad nehmen

So wird's gemacht
Tun Sie's einfach, möglichst spontan.

Bei Musik entspannen I

›› Musik – Beruhigung im Innersten.

Wohl schon jeder hat erfahren, welch beruhigende Wirkung Musik haben kann. Natürlich kennen wir auch den gegenteiligen Effekt, nämlich dass Musik nervös und unruhig machen kann. Alle Menschen haben zu Klängen, Rhythmen, Tönen eine intensive Beziehung. Sie besteht noch mehr auf der unbewussten als auf der bewussten Ebene. Wie sollte es auch sonst zu verstehen sein, dass Musik helfen kann, Menschen aus dem Koma zu führen.

Musik erreicht unseren innersten Kern. Richtig eingesetzt, kann sie körperliche Schmerzen lindern, seelische Blockaden auflösen, den Blutdruck normalisieren, die Pulsfrequenz und den Stresshormonspiegel senken. Musik kann für einen tiefen, erholsamen Schlaf sorgen. Eine positive Grundhaltung, Zuversicht und Lebensfreude kann durch Musik aufgebaut werden. Bei der Operationsvorbereitung können durch den Einsatz von Musik Narkotika eingespart werden. Es scheint so zu sein, dass alle Menschen eine angeborene Musikalität haben.

Das kann schon bei Neugeborenen beobachtet werden, für deren Entwicklung der Herzrhythmus der Mutter – eine besondere Art der Musik – eine erhebliche Bedeutung hat. So gedeihen Frühgeborene besser mit dem auf Tonband aufgenommenen und in den Brutkasten eingespielten Herzschlag der Mutter.

Lernphasen, die von geeigneter Musik begleitet werden, führen zu einem deutlich besseren Merkeffekt. Die Super-Learning-Methode, eine hocheffektive Lernmethode, nutzt diesen Sachverhalt im sogenannten Lernkon-

zert. In dieser Lernphase hört der Lernende gleichzeitig eine ruhige Musik und den Lernstoff. Untersuchungen haben gezeigt, dass bereits nach nur einem solchen Lernkonzert der größte Teil des Lernstoffs im Langzeitgedächtnis verankert ist.

Geeignete Musik vermag Sie ganz unmerklich in wenigen Minuten in einen Zustand angenehmer Entspannung zu führen. Das gelingt bei der Arbeit, während der Zeitungslektüre, beim Autofahren, während eines Gesprächs oder auf einem Spaziergang (mithilfe eines Walkmans).

Achten Sie bei der Auswahl der Musikstücke darauf, dass sie in einem langsamen Tempo komponiert sind und gespielt werden. Optimal sind maximal 60 Schläge in der Minute. Hier einige Vorschläge:

Johann Sebastian Bach
- Largo aus dem Flötenkonzert in a-Moll nach BWV 1056
- Aria zu den Goldberg-Variationen, BWV 988
- Largo aus dem Konzert für Cembalo solo Nr. 5 in G-Dur, BWV 976

Zwischenzeiten zur Entspannung nutzen

Arcangelo Corelli
- Alle langsamen Sätze aus den Concerti grossi op. 6, Nr. 1–12

Georg Friedrich Händel
- Alle langsamen Sätze aus den Concerti grossi op. 6, Nr. 1–12
- Largo aus dem Konzert Nr. 3 in D-Dur

Wolfgang Amadeus Mozart
- Larghetto aus Es-Dur-Quintett für Klavier und Bläser KV 452
- Larghetto aus Klarinetten-Quintett KV 581
- Quintett KV 617 für Harmonika, Flöte, Oboe, Bratsche und Cello

Antonio Vivaldi
- Largo aus »Winter«, Die vier Jahreszeiten
- Largo aus dem Konzert für Mandoline, Streicher und Orgel Nr. 1 in C-Dur, PV 134
- Largo aus dem Konzert für Flöte, Streicher und Basso continuo in C-Dur, PV 79

So wird's gemacht

1. Seien Sie aufmerksam, wenn sich das Bedürfnis nach entspannender Musik meldet. Anfangs wird es sich nur zaghaft ankündigen.

2. Wählen Sie aus den Empfehlungen oder Ihren eigenen Beständen einen Titel aus, legen Sie ihn auf und genießen Sie ihn.

3. Entscheiden Sie, ob Sie ihm aufmerksam lauschen oder ihn nur im Hintergrund aufnehmen wollen.

Bei Musik entspannen II

》 Drei Melodien zum Ausgleichen.

Mit einer zweiten Variante, sich mit Musik zu entspannen, verfolgen Sie Ihren individuellen Weg für mehr Ruhe und Gelassenheit. Dieses Vorgehen empfiehlt sich besonders dann, wenn die unvermittelte Konfrontation mit getragener Musik Sie eher unruhig macht. Das kann dann passieren, wenn die Distanz zwischen Ihrem aktuellen Befinden und der erwünschten Ruhe zu groß ist. Deshalb schlage ich Ihnen hier vor, das Prinzip »Anfangen, wo der Patient steht« in die Tat umzusetzen. Das bedeutet. zu Beginn eine Musik zu hören, die dem momentanen Gefühlszustand entspricht. Es schließt sich eine Komposition an, die Sie in den erhofften Entspannungszustand versetzt. Die dritte Melodie entlässt Sie in den Alltag.

So wird's gemacht

1. Notieren Sie auf einem Blatt Papier alle Instrumentalstücke, die Ihnen besonders gut gefallen oder in der Vergangenheit gefallen haben. Gehen Sie dabei bis in Ihre Kindheit zurück.

2. Sortieren Sie die Stücke auf einer Skala zwischen den Extremen »außergewöhnlich temperamentvoll« und »außerordentlich ruhig«.

3. Wählen Sie drei Titel aus und beschaffen Sie sich diese möglichst in der Originalversion. Der erste Titel soll Ihre Befindlichkeit widerspiegeln, wenn Sie angespannt sind und Entspannung suchen. Das zweite, deutlich langsamere Stück, entspricht der tiefen Entspannung, die Sie brauchen, um zur Ruhe zu kommen. Die dritte Melodie klingt so, wie Sie sich nach der tiefen Entspannung fühlen wollen, um den Anforderungen des Alltags gerecht werden zu können.

4. Überspielen Sie die Musikstücke in dieser Reihenfolge auf eine Tonbandkassette. Dabei sollten Sie vom ersten Titel 60 bis 90 Sekunden, vom zweiten 120 bis 300 Sekunden und von der dritten Musik wieder 60 bis 90 Sekunden aufnehmen.

5. Wenn Sie Entspannung brauchen, spielen Sie diese Kassette ab. Entscheiden Sie, ob Sie sich bewusst auf die Musik konzentrieren wollen, oder ob sie im Hintergrund ihre Wirkung tun soll.

Entspanntes Arbeitsende

>> Beenden Sie den Arbeitstag entspannt.

Viele Menschen verlassen am Abend fluchtartig ihren Arbeitsplatz. Dabei kann der Übergang von der Arbeitszeit zum Feierabend bereits ein Stück gelebter Freizeit sein. Außerdem, die Stimmung, in der Sie den Arbeitstag zu Ende bringen, bestimmt Ihre Erinnerung an diesen Tag. Angenehme Erinnerungen tun gut, unangenehme belasten. Sorgen Sie also für ein entspanntes Arbeitsende. Eine Möglichkeit stelle ich Ihnen vor.

So wird's gemacht

Gleich ist Feierabend. Sie haben den heutigen Arbeitstag abgeschlossen und den morgigen zumindest grob vorgeplant.

1. Stellen Sie sicher, dass Sie in den nächsten Minuten nicht gestört werden (Türe abschließen, Telefon ausschalten).

2. Breiten Sie Ihr Badetuch auf dem Fußboden aus und legen Sie sich drauf.

3. Machen Sie eine Entspannungsübung.

4. Spätestens nach drei Minuten stehen Sie auf, recken und strecken sich und freuen sich auf Ihr Zuhause und den Feierabend.

Start in den Feierabend

>> Lösen Sie sich von Ihrer beruflichen Arbeit.

Das entspannte Arbeitsende hat bereits dafür gesorgt, dass Sie den Feierabend gelassen begrüßen. Nachdem Sie zu Hause angekommen sind, gehen Sie über den zweiten Teil dieser Brücke, um ganz im Feierabend anzukommen. Mir liegt daran, dass Sie mit allen Ihren Sinnen, mit Ihren positiven Gefühlen, Bedürfnissen und Talenten in die freie Zeit am Abend oder am Wochenende starten. Am Arbeitsplatz wird nur ein kleiner Teil Ihrer Fähigkeiten abgerufen. Den anderen, wahrscheinlich größeren Teil können Sie nur außerhalb der Arbeitszeit zur Entfaltung bringen. Am besten gelingt Ihnen das, wenn Sie sich von der beruflichen Arbeit so weit wie möglich lösen und sich einstimmen auf das, was folgen soll. Mit einfachen, eher symbolischen Handlungen können Sie dies erreichen.

So wird's gemacht

1. Sobald Sie von der Arbeit zu Hause angekommen sind, machen Sie Ihr Startprogramm. Sprechen Sie vorher mit Ihrer Familie ab, dass Sie dabei ungestört bleiben wollen. Bieten Sie allen Familienmitgliedern an, dass jeder für sich auch ein solches Programm durchführt.

2. Ziehen Sie sich zurück, um ganz im Feierabend anzukommen. Zum Beispiel könnten Sie

– einmal mit der Botschaft: »Hallo, ich bin wieder da!« um und durchs Haus gehen;
– duschen und damit auch die Belastungen des Alltag abspülen;
– bequeme Freizeitkleidung anziehen und auf diese Weise in eine neue Haut schlüpfen;
– sich zurückziehen und eine Entspannungsübung machen;
– eine Platte auflegen und die Musik genießen.

3. Jetzt sind Sie in der Lage, mit all Ihrer Aufmerksamkeit, Empfindsamkeit und voller positiver Energie den Feierabend zu genießen.

Rückschau am Abend

>> Mögest du Ruhe finden, wenn der Tag sich neigt und deine Gedanken noch einmal die Orte aufsuchen, an denen du heute Gutes erfahren hast. Auf dass die Erinnerung dich wärmt und gute Träume deinen Schlaf begleiten.
(Altirischer Segenswunsch)

So wird's gemacht

1. Ziehen Sie sich unmittelbar, bevor Sie zu Bett gehen, zurück und stellen Sie sicher, dass Sie in den nächsten Minuten nicht gestört werden. Löschen Sie das Licht.

2. Machen Sie es sich in einem Sessel bequem. Falls Sie einschlafen könnten, nehmen Sie besser einen Stuhl. Schließen Sie sanft Ihre Augen.

3. Erinnern Sie sich an den Moment, als Sie am Morgen wach wurden. Lassen Sie von diesem Augenblick an noch einmal den ganzen Tag vor Ihrem inneren Auge vorbeiziehen.

4. Machen Sie sich bewusst,
– mit welchen Menschen Sie heute Kontakt hatten;
– bei wem Sie sich bedanken oder entschuldigen sollten;
– welche Ihrer Tätigkeiten Sie vorangebracht haben;
– was Sie beim nächsten Mal anders machen werden;
– was Ihnen besonders gutgetan hat.

5. Klären Sie, welche Bilder, Gedanken und Gefühle Sie heute beschäftigten. Nehmen Sie all das noch einmal wahr, um es dann verblassen zu lassen.

6. Binden Sie den Sack des Tages zu und gehen Sie zu Bett.

Vor dem Einschlafen

>> Lassen Sie den Tag in Ruhe ausklingen.

Eine alternative oder ergänzende Möglichkeit, den Tag abzuschließen, besteht darin, eine oder zwei Mini-Aktivitäten durchzuführen, die keinen neuen Aufbruch signalisieren, sondern im Gegenteil die Ruhephase einläuten. Sie sollen deutlich machen, ich lasse den Tag allmählich ausklingen. In wenigen Minuten gehe ich zu Bett.

So wird's gemacht

1. Erstellen Sie bei Gelegenheit eine Liste mit kleinen Aktivitäten, die Sie darauf vorbereiten, den Wachteil des Tages abzuschließen.

2. Achten Sie darauf, dass Sie die Aktivität nicht stimuliert, sondern beruhigt

hat und nicht länger als zehn Minuten dauert.

3. Genießen Sie dieses Programm unmittelbar vor dem Zubettgehen, zum Beispiel:
- Decken Sie den Frühstückstisch und freuen Sie sich dabei auf den nächsten Morgen. Das spart nebenbei Zeit, die Sie morgens für eine Entspannungsübung nutzen könnten.
- Unternehmen Sie einen kurzen Spaziergang rund um den Häuserblock. Ihr Körper wird Sie dafür mit einem besonders tiefen Schlaf belohnen.
- Lesen Sie einige entspannende Zeilen, die in Ihnen positive und beruhigende Gefühle auslösen.

Miteinander reden...

entspannt

...arbeitet es sich leichter

Miteinander arbeiten und reden

Ärger am Arbeitsplatz? Dabei gibt es simple Strategien für eine entspannte Grundhaltung und Tipps für ein unkompliziertes Miteinander.

Entspanntes Miteinander

Sich in Krisensituationen blitzschnell entspannen zu können, ist sehr wertvoll. Die allerschnellste Entspannung erreichen Sie dadurch, dass Sie Überspannung nach Möglichkeit vermeiden.

Einige einfach umzusetzende Arbeitstechniken helfen Ihnen, inneren Druck zu vermeiden, jederzeit die Übersicht zu bewahren, in der verfügbaren Zeit die wichtigsten Aufgaben zu erledigen und Störungen rechtzeitig zu begegnen.

Dabei spielt das soziale Umfeld eine erhebliche Rolle. Haben Sie schon einmal ausgerechnet, wie viel Prozent eines Tages Sie kommunizierend verbringen? Wenn wir die Schlafzeit abziehen, kommen viele von uns auf 60–80 %.

Bedenken Sie bezüglich der Kommunikation, dass diese immer zielgerichtet ist.

Wir wollen mit ihr etwas erreichen, zum Beispiel
- jemanden von unserer Meinung überzeugen,
- ein Projekt durchsetzen,
- Zuwendung schenken,
- die eigene Kompetenz hervorkehren,
- Informationen gewinnen,
- Lösungen herbeiführen,
- Aufmerksamkeit erhalten.

Allerdings kommen wir mit unserer Gesprächsführung häufig nicht zu unserem Ziel, sondern lösen bei unserem Gegenüber Widerstände und bei uns Stress aus. Wenn Sie einige Regeln konstruktiver Kommunikation beachten, werden Sie eine positive Gesprächs-

atmosphäre aufbauen und auch bei schwierigen Themen aufrechterhalten. Wenn sich Ihr Gesprächspartner wohl fühlt, wird er kein Interesse haben, Sie in Stress zu bringen. Und geht es Ihnen selbst gut, hat kein anderer die Chance, Sie in Unruhe zu versetzen.

Regelkreis des effektiven Arbeitens

» Wer nämlich ohne Plan handelte, an dem rächte es sich;
wer sich aber mit angespanntem Verstand bemühte,
der arbeitete schneller, leichter und gewinnbringender.
(Sokrates, um 470–399 v. Chr.)

Zielloses und planloses Arbeiten, man sollte besser von Wursteln sprechen, ist nicht nur einer der stärksten Stressfaktoren für den, der auf diese Weise mit seinen Aufgaben umgeht, sondern auch für die Menschen, mit denen er zu tun hat. Wer so arbeitet, entfaltet möglicherweise eine hektische Betriebsamkeit. Das Ergebnis allerdings steht meist in keinem angemessenen Verhältnis zum Aufwand.

»Als ich merkte, dass von Leuten mit gleichen Fähigkeiten die einen sehr arm, die anderen aber reich sind, verwunderte ich mich, und es schien mir eine Untersuchung wert, wie das kommt. Da stellte sich nun heraus, dass das ganz natürlich zuging. Wer nämlich ohne Plan handelte, an dem rächte es sich; wer sich aber mit angespanntem Verstand bemühte, der arbeitete schneller, leichter und gewinnbringender.« Sokrates (um 470 bis 399 v. Chr.)

Der Regelkreis des effektiven Arbeitens besteht aus fünf einfachen Schritten, die bei jeder Arbeit gegangen werden sollten. Wer dies tut, macht die Erfahrung, dass er mit erheblich weniger Anstrengung und in deutlich kürzerer Zeit zu spürbar besseren Resultaten kommt.

Um sich an die Einhaltung der effektiven Reihenfolge zu gewöhnen, kann es sinnvoll sein, sich die fünf Schritte auf einen Zettel zu schreiben, um sie so beim Arbeiten immer vor Augen zu haben.

So wird's gemacht

1. Schritt: *Ziel definieren*
Welches Ergebnis will ich bis wann in welchem Umfang erreicht haben? Dabei unbedingt realistisch bleiben.

2. Schritt: *Planen*
Welche Maßnahmen muss ich in welcher Reihenfolge und wann verwirklichen, um das Ziel gemäß meiner Definition zu realisieren?

3. Schritt: *Organisieren*
Was brauche ich an Informationen, Hilfsmitteln, Werkzeugen, Materialien und menschlichen Ressourcen, um meinen Plan umzusetzen?

4. Schritt: *Realisieren*
Jetzt gehe ich daran, den Plan mit Leben zu erfüllen.

5. Schritt: *Kontrollieren*
Nach Abschluss der Arbeiten überprüfe ich, ob ich mein Ziel so erreicht habe, wie ich es mir vorgenommen hatte.

Ziele helfen weiter

>> Wer nicht weiß, wohin er will, der darf sich nicht wundern, wenn er ganz woanders ankommt. (Mark Twain, 1835–1910)

Im vorigen Kapitel war bereits von Zielen die Rede. Lassen Sie uns noch einen Moment bei diesem Thema bleiben. Welche Bedeutung haben Ziele auch unter dem Gesichtspunkt des Wohlbefindens und der Vermeidung von Stress? Wer sein Ziel nicht kennt, braucht sich nicht zu wundern, wenn er ganz woanders ankommt. Dabei geht es nicht darum, das ganze Leben durch Ziele straff zu organisieren, sondern um die Definition der großen persönlichen und beruflichen Absichten.

Ziele haben eine Reihe von Vorteilen:
- Sie geben dem Handeln eine Richtung und Orientierung.
- Sie erlauben es, Ihre Ergebnisse zu bewerten.
- Sie helfen, überflüssige Umwege zu vermeiden.
- Sie trainieren die Entscheidungskompetenz.
- Sie führen zu einer Konzentration der eigenen Kräfte und vermeiden die Gefahr der Verzettelung.
- Sie geben innere Ruhe, Sicherheit und Selbstvertrauen, denn man weiß, was man will.
- Sie sind eine Chance, sein Dasein selbst zu bestimmen.

So wird's gemacht
1. Notieren Sie alle Ziele, die Sie – beruflich oder privat – innerhalb der nächsten fünf Jahre erreichen wollen.

Beachten Sie: Ziele sind die Beschreibungen von Ergebnissen, nicht von Tätigkeiten. Sich um eine Stelle bewerben ist eine Tätigkeit, eine Position antreten ist das Ergebnis.

2. Wählen Sie die drei wichtigsten Ziele aus und entscheiden Sie, bis wann Sie sie verwirklicht haben wollen. Seien Sie realistisch und konkret. Formulieren Sie nicht: »Irgendwann will ich Vorstandsvorsitzender des Unternehmens XY sein«, sondern: »Bis zum 31. Dezember nächsten Jahres will ich vom Sachbearbeiter zum stellvertretenden Sachbereichsleiter aufgestiegen sein.«

3. Definieren Sie Zwischenziele für jedes Quartal, beginnend im laufenden Vierteljahr.

4. Schreiben Sie auf, welche konkreten Maßnahmen Sie unternehmen wollen, um die einzelnen Zwischenziele zu erreichen.

5. Überprüfen Sie einmal pro Quartal Ihre Ziele unter den Gesichtspunkten:
– Bin ich im Zeitplan?
– Beachte ich den Regelkreis des effektiven Arbeitens?
– Sind mir die Ziele noch wichtig?

Priorität en setzen

>> Stille und Ruhe bringen die ganze Welt ins rechte Maß zurück.
(Laotse, 6. Jhdt.)

Prioritäten setzen heißt zu entscheiden, welche Arbeiten Vorrang haben, was später oder gar nicht drankommt. Wir setzen täglich mehrmals Prioritäten. Die Frage ist nur, ob wir das sachgerecht oder nach anderen Kriterien tun. Vielleicht setzen andere Menschen für uns die Prioritäten, indem sie uns unter Druck setzen, Stress auslösen, Drohungen ausstoßen.

Wenn Sie künftig Prioritäten souverän und kompetent setzen wollen, kann Ihnen die Eisenhower-Matrix eine Hilfe sein. Das Besondere dieser Entscheidungshilfe besteht darin, dass sie zwischen Wichtigkeit und Dringlichkeit unterscheidet. Denn nicht alles, was wichtig und bedeutsam ist, hat gleichzeitig eine hohe Dringlichkeit. Sie werden eine Reihe positiver Wirkungen erleben:

- Der große Arbeitsberg ist in drei bzw. vier kleine Stapel sortiert und dadurch überschaubarer geworden. Er hat seine Bedrohlichkeit verloren.
- Sie können die Bearbeitung der Aufgaben entsprechend Ihrer persönlichen Leistungskurve planen (siehe nächstes Kapitel).
- Sie können sicher sein, dass zum Feierabend die zentralen A-Aufgaben erledigt sind und nicht nur die vielen unwichtigen C-Aktivitäten.

Die Matrix besteht aus einem Quadrat, das in vier Felder eingeteilt ist. Auf der horizontalen Achse des Quadrats nimmt die Dringlichkeit einer Aufgabe zu, auf der vertikalen die Wichtigkeit. So ergeben sich für die Dringlichkeit und Wichtigkeit jeweils zwei Stufen.

So wird's gemacht

Listen Sie alle Aufgaben auf und entscheiden Sie, in welches der vier Matrix-Felder die jeweilige Arbeit gehört:

1. Ist sie sowohl sehr dringend als auch sehr wichtig, handelt es sich um eine A-Aufgabe. Das bedeutet, sie hat heute oberste Priorität.

2. Ist sie zwar sehr wichtig, aber noch nicht so dringend, haben Sie eine B-Aufgabe vor sich. Tragen Sie sie für einen der nächsten Tage in Ihren Terminkalender ein.

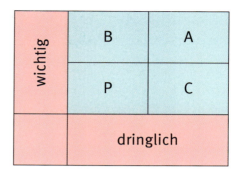

3. Ist sie sehr dringend, aber nicht von besonders großer Bedeutung, dreht es sich um eine C-Aufgabe. Die können Sie – wenn möglich – delegieren oder sie in Ihrem Leistungstief, zum Beispiel kurz nach der Mittagspause bearbeiten.

4. Dann gibt es auch noch Arbeiten, die weder dringend noch wichtig sind. Das sind die so genannten P-Aufgaben. Die gehören unbearbeitet in den Papierkorb.

Leistungskurve beachten

>> Sind Sie eine Lerche oder eine Eule?

Unsere Leistungsfähigkeit ist Rhythmen unterworfen. Grob gesagt unterscheidet man zwischen Frühstartern und Spätstartern, die man auch Lerchen und Eulen nennt. Jeder Mensch hat seine individuelle Leistungskurve, die grundsätzlich an allen Tagen gleich ist, sich aber von Mensch zu Mensch stark unterscheiden kann.

Wenn Sie nun in Ihrem Leistungstief eine knifflige Aufgabe bearbeiten, werden Sie die Erfahrung machen, dass Sie sich sehr schwer tun und nur mühsam Fortschritte machen. Im Leistungshoch dagegen gelingt Ihnen die Aufgabe erheblich leichter und mit weniger Kraftaufwand. Deswegen sollten Sie einfache Arbeiten möglichst ins Leistungstief legen.

Wer seine Aufgaben entsprechend seiner Leistungskurve plant, arbeitet entspannt und unter Einsatz der gerade notwendigen Energie. Er fühlt sich auf angenehme Weise herausgefordert.

So wird's gemacht

1. Ermitteln Sie Ihre persönliche Leistungskurve.

2. Trachten Sie danach, Ihre komplizierten und anspruchsvollen Aufgaben im Leistungshoch zu bearbeiten.

3. Im Leistungstief erledigen Sie möglichst einfache und Routinearbeiten, die nicht Ihr ganzes Können erfordern.

Zeit planen

❯❯ Zeit ist Leben

Zeit ist Geld, heißt es. Ich habe keine Zeit, wird ständig gejammert. In Wahrheit sind beide Aussagen grundfalsch. Zeit ist nicht Geld, denn anders als Geld lässt sich Zeit nicht horten, vermehren oder ausleihen. Treffender ist die Aussage: Zeit ist Leben. Das heißt, wer mir die Zeit stiehlt, raubt mir einen Teil meines Lebens. Stehle ich mir nicht manchmal selbst die Zeit?

»Ich habe keine Zeit« klingt so, als habe der eine mehr und der andere weniger Zeit. Nein, jedem von uns stehen täglich 24 Stunden zur Verfügung. Was wir mit dieser Zeit machen, wie wir sie ausfüllen, das entscheiden wir.

Eine einfache Zeitplanung kann helfen, Zeit dadurch zu gewinnen, dass man sich Zeit für die wichtigen Dinge des Tages und des Lebens nimmt. Zeit planen heißt, selbst zu entscheiden, mit welchen Aufgaben man den Tag ausfüllt, bevor andere einen unter Zeitdruck setzen können.

So wird's gemacht

1. Erstellen Sie zunächst einen Normalplan. Sie können dafür den Stundenplan eines Schülers verwenden. Tragen Sie in diesen Plan die Aufgabenarten ein, die normalerweise im Laufe einer Woche anfallen. Das kann zum Beispiel sein:
- eine Besprechung, an der Sie jeden Montag von 8 bis 9 Uhr teilnehmen;
- die Post, die Sie täglich zwischen 11 und 11:30 Uhr durchsehen;
- die stille Phase, zu der Sie sich an jedem Tag zwischen 13 und 13:30 Uhr zurückziehen.

2. Nehmen Sie sich jeden Abend einige Minuten Zeit, den nächsten Tag im Rahmen und mithilfe des Normalplans konkret zu planen. Gehen Sie dabei so vor, dass Sie
- Prioritäten setzen;
- Ihre Leistungskurve beachten;
- die schwierigste Arbeit des Tages ins erste Leistungshoch legen;
- etwas Angenehmes einplanen;

– für den Arbeitsbeginn eine Aufgabe vorsehen, die rasch erledigt ist und ein Erfolgserlebnis verspricht;

– nicht mehr als 60 Prozent der Zeit verplanen, damit genug Raum für Unvorhergesehenes ist.

Kleine Arbeitstechniken

》 Erleichtern Sie sich Ihren Arbeitsalltag.

Neben den großen Arbeitstechniken, wie dem Regelkreis des effektiven Arbeitens, dem Setzen von Prioritäten oder der Zeit- und Aufgabenplanung, gibt es eine Reihe kleiner, das heißt wenig aufwendiger Techniken, die einem den Arbeitsalltag erleichtern helfen. Ihre Unauffälligkeit sollte nicht zu der falschen Annahme verleiten, sie seien auch in ihrer Wirkung klein. Das Gegenteil ist richtig. Wenn ich Ihnen diese Anregungen anbiete, verfolge ich aber noch eine zweite Absicht. Machen Sie doch einmal eine Bestandsaufnahme Ihrer heutigen Arbeitsmethodik. Bestimmt entdecken Sie Möglichkeiten, Ihre Arbeitsabläufe zu rationalisieren, um in kürzerer Zeit und mit geringerem Aufwand gute Ergebnisse zu erzielen.

So wird's gemacht

1. Wählen Sie unter den folgenden Anregungen eine aus, von der Sie sich einen Nutzen versprechen.
– Beginnen Sie mit Ihrer Arbeit möglichst täglich zur gleichen Zeit, weil Sie sich so an einen Rhythmus gewöhnen.
– Stimmen Sie Ihren Tagesplan mit Ihrem Umfeld ab, weil Sie dann weniger oft gestört werden.
– Vermeiden Sie möglichst Handlungen mit Rückwirkungen; also geben Sie nicht vorschnell Versprechungen und machen Sie keine leichtsinnigen Ankündigungen.
– Vermeiden Sie nach Möglichkeit Spontan-Aktivitäten, sondern notieren Sie entsprechende Ideen auf einem Zettel, um ihnen abends bei der

Tagesplanung den ihnen zustehenden Rang zu geben.

- Bündeln Sie ähnliche Aufgaben und erledigen Sie sie im Block, zum Beispiel Telefonate, Rücksprachen, Besorgungen oder die Ablage.
- Machen Sie rechtzeitig kleine Pausen und nicht erst dann, wenn Sie völlig erschöpft sind; es kann nämlich sein, dass dann auch eine große Pause Sie nicht mehr auf die Beine bringt.
- Nutzen Sie Zeitüberhänge und Wartezeiten für kleine Arbeiten, die auch zwischendurch erledigt werden können.
- Schließen Sie Kleinkram rasch ab und schieben Sie ihn nicht lange vor sich her.
- Nehmen Sie sich täglich Zeit für Übungen zur Blitzentspannung.

2. Sammeln Sie mit dieser Technik zwei Wochen lang Erfahrungen. Nehmen Sie dann eine weitere Maßnahme in Ihr Repertoire auf.

Störungen

>> Störungen lassen sich vermeiden!

Dauernd klingelt das Telefon. Alle paar Minuten steht ein Mensch auf der Türschwelle: »Haben Sie mal fünf Minuten Zeit für mich?« Nach einer halben Stunde ist er immer noch da. Sich selbst stört man auch, wenn man zwischendurch eine vermeintlich tolle Idee hat und meint, man müsse sie sofort umsetzen. Störungen in Verbindung mit knapper Zeit werden besonders oft als der zentrale Stressfaktor genannt. Ständige Störungen und Unterbrechungen können einem den letzten Nerv rauben.

Sorgen Sie deshalb dafür, dass Sie weniger und wenn, dann kürzer gestört werden. Vermeiden Sie die Einstellung, dass man gegen Störungen doch nichts machen könne und sie als gottgegeben

hinnehmen müsse. Zu einer »geglück-
ten« Belästigung gehören Täter und
Opfer. Nur wenn Sie sich in die Opfer-
rolle begeben, wird ein Täter bei Ihnen
Erfolg haben. Werden Sie selbst Täter
und entscheiden Sie, wer Sie wann und
wie lange stören darf. Sie gewinnen
Zeit, innere Ruhe und stärken Ihre
Gesundheit.

So wird's gemacht

1. Zuerst einmal machen Sie eine
Bestandsaufnahme Ihrer Störungen.
Notieren Sie deshalb mehrere Tage lang
mithilfe einer Strichliste, zu welcher
Zeit welche Störung von welcher Dauer
auftritt. Werten Sie die Strichlisten
aus, um herauszufinden, welches die
störstarken und welches die störarmen
Zeiten sind und von welcher Art diese
Störungen sind.

2. Wählen Sie dann unter den folgenden Anregungen eine aus, die Sie
konsequent umsetzen:

– *Definieren Sie Zeiten*, zu denen Sie
  nicht gestört werden wollen, und
  machen Sie sie bei Ihren Kollegen
  bekannt. Noch besser, Sie vereinbaren
  mit diesen Menschen, zu welcher Zeit
  Sie sich untereinander nicht stören
  wollen.

– *Lassen Sie sich abschirmen*, indem Sie
  einen Kollegen bitten, alle Telefonate
  für Sie entgegenzunehmen. Noch
  effektiver ist es, wenn Sie in Ihrer
  Arbeitsgruppe vereinbaren, dass
  jeweils ein Kollege für alle anderen
  ans Telefon geht.

– *Gehen Sie in Klausur*, zum Beispiel
  in ein leeres Besprechungszimmer.
  Fragen Sie Ihren Vorgesetzten, ob
  Sie nicht auch mal eine Aufgabe zu
  Hause bearbeiten dürfen.

– *Sagen Sie nein*, wenn jemand beab-
  sichtigt, Sie mit einer Zusatzarbeit zu
  belasten, Sie unangemeldet besucht,
  mit Ihnen ein Schwätzchen halten
  oder mit Ihnen Kaffee trinken will.

– *Betrachten Sie Gespräche als Besprechungen* und klären Sie das Ziel, die
  Themen und die Dauer des Gesprächs
  zu Beginn ab. Halten Sie sich konsequent an die Absprache.

– *Setzen Sie die Prioritäten* neu und betrachten Sie die Störung als notwen-
  dige Unterbrechung, der Sie jetzt Ihre
  ganze Aufmerksamkeit zuwenden.

3. Wenn Sie zwei Wochen Erfahrungen mit Ihrer ersten Anti-Stör-Maßnah-
me gesammelt haben, überprüfen Sie
den Nutzen und nehmen Sie eine neue
Maßnahme dazu.

Entspanntes Miteinander 119

Telefon

》 Führen Sie stressfreie Telefonate und vermeiden Sie Missverständnisse.

Das Besondere am Telefongespräch ist die Tatsache, dass wir unseren Partner nur hören, nicht aber sehen. Das heißt, wir wissen nicht, in welcher Umgebung und Verfassung er gerade ist.

Seine Mimik und Gestik können wir nicht beobachten. Wir können nicht beurteilen, ob wir allein mit ihm reden oder weitere Zuhörer haben. Deshalb ist am Telefon die Gefahr, den anderen misszuverstehen, sehr groß – sowohl was die Stimmung als auch was den Gesprächsinhalt betrifft.

Prüfen Sie, welche der folgenden Vorschläge Ihnen helfen können, möglichst stressfrei zu telefonieren.

So wird's gemacht
1. Um Störungen durch das Telefon zu reduzieren, könnten Sie
– Telefonblöcke bilden, das heißt, möglichst viele Telefongespräche zu einer definierten Zeit am Stück erledigen;

– störenden Anrufern einen Rückruf für die Zeit Ihres ohnehin geplanten Telefonblocks anbieten;
– zwischendurch auch einmal den Anrufbeantworter aktivieren;
– jemanden bitten, an Sie gerichtete Telefonate eine Zeit lang auf seinen Apparat umzuleiten.

2. Damit das Telefongespräch weder für Sie noch Ihren Partner in Stress ausartet, sollten Sie
– Ihr Telefongespräch vorbereiten (was will ich wissen, sagen, erreichen) und Ihre Gesprächsabsicht unter Umständen dem anderen so rechtzeitig mitteilen, dass auch er sich vorbereiten kann;
– lächeln, sobald Sie den Hörer zur Hand nehmen, denn das entspannt Sie und wird am anderen Ende der Leitung positiv wahrgenommen;
– an den Anfang des Gesprächs eine kurze Anwärmphase stellen (Frage nach Wetter, Urlaub, Hobby usw.),

dann das Thema und das Gesprächsziel nennen und erst dann in die
Einzelheiten einsteigen;
– so mit Ihrem Vis-à-vis umgehen, als
säßen Sie ihm persönlich gegenüber,
und nicht die Distanz benutzen, ihm
besonders dreist zu begegnen;
– das Gesprächsergebnis so eindeutig
zusammenfassen und sich bestätigen
lassen, dass kein Missverständnis
möglich ist;
– wenn sich doch Stress zeigt, für wenige Sekunden möglichst viele Muskeln
des Körpers anspannen und wieder
lösen (Muskelentspannung);
– während des Gesprächs stehen, wenn
Sie besonders eindeutig, dynamisch
und selbstbewusst wirken wollen.

Gespräche ohne Stress

>> Achten Sie auf das Zwischenmenschliche.

Stellen Sie sich vor, dass jeder Mensch
vier Ohren hat. Jedes Ohr hört eine
andere Botschaft. Ein Ohr vernimmt
die nackte Tatsache, dass noch wichtige
Themen zu besprechen sind. Wahrscheinlich stimmt das, und sie stehen
sogar auf der Tagesordnung. Ein zweites
Ohr nimmt jedoch wahr, was der
andere über sich selbst aussagt (»Nur
er weiß, was wichtig ist«). Das dritte
Ohr registriert die Aufforderung, das
Reden einzustellen, während das vierte
Ohr eine Bewertung der Beziehung,
des Kontaktes zwischen den beiden
Kontrahenten heraushört (»Als wäre er
kompetenter als ich«).

Das erste Ohr ist zuständig für das Was
einer Kommunikation, für die Sache
und den Inhalt. Die drei anderen registrieren das Wie eines Gespräches, die
Stimmung, die Gefühle, die Beziehung.
Das bedeutet, jedes Gespräch wird
sowohl von dem Was als auch von dem
Wie beeinflusst. Letzten Endes bestimmt das Wie das Gesprächsergebnis.

Wir geraten in Stress, wenn unsere Ohren Nummer 2 bis 4 Negatives heraushören. Das gilt für alle am Gespräch beteiligten Partner. Wollen wir Stress vermeiden, müssen wir dem Zwischenmenschlichen in unserer Kommunikation unsere ganz besondere Aufmerksamkeit schenken.

So wird's gemacht

1. Stärken Sie das Selbstwertgefühl Ihres Partners und sorgen Sie für eine entspannte Gesprächsatmosphäre, indem Sie

- ihn mit Namen ansprechen und dabei anschauen;
- sich ihm körperlich zuwenden und signalisieren, dass Sie zuhören;
- ihn ausreden lassen;
- ihn aufrichtig loben und gern »danke« sagen;
- Mitgefühl und Verständnis für seine Lage zeigen;
- Übereinstimmung signalisieren, wo das möglich ist;
- in Streitfällen auch einmal nachgeben.

2. Vermeiden Sie Missverständnisse, indem Sie

- zwischendurch das Gehörte mit Ihren Worten wiederholen (»Wenn ich Sie richtig verstehe, schlagen Sie vor ...«);
- mit offenen Fragen (»wie«, »was«, »wo«, »warum«) viele Informationen über die Wünsche und Meinungen des anderen herausfinden;
- besonders bei längeren Gesprächen in angemessenen Abständen das bis dahin Erreichte zusammenfassen und sich bestätigen lassen.

3. Vertreten Sie Ihre Position, indem Sie

- Ihre Wünsche oder Forderungen eindeutig formulieren;
- dann »Nein« sagen, wenn Sie es wollen;
- sich fair durchsetzen, damit der andere sich nicht als Verlierer empfinden muss;
- dem anderen Grenzen setzen, wenn Sie persönlich angegriffen werden.

Fachchinesisch macht Stress

>> Verständlichkeit geht vor.

Es gibt nicht nur Sprachprobleme zwischen Angehörigen verschiedener Nationalitäten. Immer häufiger beobachtet man sie auch in ein und demselben Sprachraum. Jeder Beruf, jedes Alter und jede soziale Schicht scheint eine eigene Sprache zu haben. Man redet miteinander und versteht sich immer weniger.

Pflegen Sie die Beziehungsebene, indem Sie sich über die Sprache in die Persönlichkeit Ihres Partners einstimmen und ihm auf diese Weise nahe kommen.

Wenn es Ihnen gelingt, dem anderen auf diese Weise näher zu kommen, ist er daher bereit, Ihnen zuzuhören, wird er Vertrauen zu Ihnen gewinnen, und

Sie tun sich leichter, Ihr Gesprächsziel zu erreichen.

So wird's gemacht

1. Vermeiden Sie nach Möglichkeit Fremdwörter und Fachbegriffe, es sei denn, sie sind wirklich allgemein bekannt.

2. Wenn dennoch ein Fremdwort unvermeidlich ist, erläutern Sie es an einem Beispiel aus der Welt Ihres Gesprächspartners.

3. Verstärken Sie die Nähe und Vertrautheit zu Ihrem Gegenüber, indem Sie seine Körperhaltung behutsam spiegeln, das bedeutet, eine ähnliche Position einnehmen.

Positive Worte verwenden

>> Lob tut jedem gut.

Worte haben eine gewaltige Macht. Sie können dafür sorgen, dass wir uns glücklich fühlen. Sie können auch das Gegenteil bewirken und uns schwach und ängstlich machen. Manche Wörter lösen blitzartig in uns lebhafte Bilder, starke Empfindungen und körperlich spürbare Gefühle aus.

Negative Worte aktivieren augenblicklich negative Gefühle. Das gilt selbst dann, wenn wir diese Worte verneinen. »Sie brauchen keine Angst zu haben« erinnert an Angst und löst Angst aus. »Falle nicht durch die Prüfung« wirkt wie eine Programmierung mit dem Ziel, die Prüfung in den Sand zu setzen. Der Hinweis des Verkäufers, dass der Videorekorder »nicht sehr schwer zu bedienen und nicht reparaturanfällig« ist, lässt mich vor dem Kauf zurückschrecken, obwohl ich weiß, dass er seinem Produkt eine gute Qualität bescheinigen will. Auch auf der unbewussten Ebene wirken diese Aussagen, als sei das Nein nicht gesagt worden.

Wenn Sie Ihren Gesprächspartner oder sich selbst stützen und aufbauen wollen, verwenden Sie positive Worte.

So wird's gemacht

1. Beobachten Sie, welche Worte Sie verwenden, wenn Sie sich oder anderen Menschen etwas Positives sagen wollen. Notieren Sie die Sätze, in denen Sie negative Worte verwenden.

2. Finden Sie zu jedem dieser Sätze eine positive Alternative. Trainieren Sie diese Wendungen im Alltag, bis Sie Ihnen ganz selbstverständlich geworden sind.

3. Zusätzlich könnten Sie Menschen, die Ihnen nahe stehen, bitten, auf die Wahl Ihrer Worte zu achten und Ihnen zu signalisieren, wenn Sie wieder negative benutzt haben.

Nein sagen

» Manchmal ist zu viel einfach zu viel.

Menschen, die nicht oder nur schwer nein sagen können, leben unter einem doppelten Stress. Sie würden es manchmal gern können. Aber aus Angst vor einem Konflikt oder Schuldgefühlen, die bei einem Nein auftauchen, entscheiden sie sich für einen Scheinfrieden und sagen ja. Das Ja löst den zweiten Stress aus, weil es meist mit zusätzlicher Arbeit verbunden ist. Sie ärgern sich über ihre »Feigheit«. Außerdem spüren sie, sie werden ausgenutzt. Ihre ohnehin schwach ausgeprägte Selbstachtung schwindet noch mehr.

Es kommt entscheidend darauf an, dass Sie in solchen Ja-Nein-Situationen keinesfalls sofort eine Entscheidung fällen, sondern zunächst zur Ruhe kommen.

So wird's gemacht

1. Entscheiden Sie, sich nicht mehr von anderen ausbeuten zu lassen, sondern nach der eigenen Bedürfnislage vorzugehen.

2. Wenn Sie jemand um einen Gefallen bittet, sagen Sie keinesfalls sofort ja. Erklären Sie, dass Sie erst prüfen müssen, ob Sie seinen Wunsch erfüllen können. Sagen Sie zu, in einer Viertelstunde Bescheid zu geben. Sorgen Sie dafür, dass der andere die Arbeit wieder mitnimmt und Ihnen nicht auf den Tisch packt.

3. Klären Sie dann in Ruhe, was Sie wollen. Wägen Sie die Vor- und Nachteile ab. Dann fällen Sie eine Entscheidung.

4. Teilen Sie dem anderen Ihre Entscheidung ruhig und sachlich mit. Weil es keinen Grund gibt, ein schlechtes Gewissen zu haben, brauchen Sie sich nicht zu entschuldigen.

5. Belohnen Sie sich für Ihre Standhaftigkeit und Ihr Nein. Genießen Sie Ihr gestärktes Selbstbewusstsein.

Mit Humor geht alles besser

>> Entschärfen Sie aggressive Stimmungen.

Lassen Sie nicht zu, dass eine angespannte Situation eskaliert. Humor kann ein probates Mittel sein. Humor entschärft aggressive Augenblicke und kann eine positive Atmosphäre schaffen. Plötzlich ist alles nicht mehr so bierernst. Das Gespräch kann eine konstruktive Wendung nehmen. Keiner der Beteiligten hat sein Gesicht verloren.

So wird's gemacht:

1. Registrieren Sie möglichst frühzeitig, wenn sich in einem Gespräch Spannung und Aggressivität aufbauen.

2. Entspannen Sie die Situation, indem Sie eine humorvolle Bemerkung machen, die
- keinesfalls denjenigen angreift oder bloßstellt, der schon unter Spannung steht;
- vom aktuellen Gesprächsthema ablenkt oder einen anderen Blickwinkel auf das Thema erlaubt;
- mit dem Vorschlag einer Gesprächsunterbrechung verbunden sein kann.

Umgang mit schwierigen Menschen

>> Suchen Sie nach Verständnis.

Welche Menschen charakterisieren wir als schwierig? Häufig sind das Personen, die wir zum Beispiel als destruktiv erleben, von denen wir uns nicht als gleichberechtigte Partner behandelt fühlen, die ungerecht sein können, die wir als aggressiv empfinden oder die sich unseren Wünschen im Gespräch schlicht verweigern. Deshalb stellt der Umgang mit schwierigen Menschen für unser Wohlbefinden eine ziemliche Belastung dar.

Wenn ein Mensch ungehalten und laut wird, hat das meist Ursachen. Wie wäre es, wenn ich mich frage, warum ist der jetzt so problematisch?

Vielleicht
- ist er müde, verwirrt oder überfordert;
- fühlt er sich angegriffen oder bloßgestellt;
- ist er unter Druck oder in Eile;
- hat er gerade ein unerfreuliches Erlebnis hinter sich.

In allen diesen Fällen wäre es völlig sinnlos, sich mit ihm auf eine Auseinandersetzung einzulassen.

Wenn ich also die Perspektive verändere,
- erlebe ich die Situation aus seinen Augen;
- verstehe ich seinen Gefühlszustand besser;
- verurteile ich ihn nicht vorschnell;

- brauche ich mich nicht persönlich angegriffen zu fühlen;
- habe ich kein Interesse an einem Konflikt;
- gelingt es mir eher, eine Lösung zu finden, mit der beide Seiten leben können.

So wird's gemacht
Gehen Sie so vor, dass Sie die folgenden Instruktionen übernehmen und in Ihrem Verhalten überzeugend vorleben:

1. Ich mache mir klar, auch ich bin manchmal schwierig.

2. Ich nehme die Herausforderung an, denn ich bin ein Könner im Umgang mit schwierigen Menschen.

3. Als Profi weiß ich, es ist konstruktiver, Konflikte zu vermeiden, als sie zu lösen.

4. Was auch geschieht, ich bleibe ruhig und damit Chef der Situation.

5. Ich gehe nur auf den sachlichen Teil seiner Aussage ein, die persönlichen Angriffe ignoriere ich so lange wie möglich.

6. Wo ich dem anderen zustimme, zeige und sage ich es ihm.

7. Wenn ich Kritik üben will, trenne ich die Sache von der Person.

8. Wenn ein Problem zu lösen ist, lade ich den anderen ein, gemeinsam mit mir nach einer Lösung zu suchen.

9. Notfalls setze ich Grenzen und unterbreche das Gespräch oder breche es ab.

Service

Literaturempfehlungen

Derra, Claus: **Autogenes Training und Progressive Muskelentspannung (Hörbuch Gesundheit)**, TRIAS 2014

Ohm, Dietmar: **Progressive Relaxation (Hörbuch Gesundheit)**, TRIAS 2007

Ohm, Dietmar: **Stressfrei durch Progressive Relaxation**, TRIAS 2013

Wilk, Daniel: **So einfach ist Autogenes Training**, TRIAS 2012

Liebe Leserin, lieber Leser,

hat Ihnen dieses Buch weitergeholfen? Für Anregungen, Kritik, aber auch für Lob sind wir offen. So können wir in Zukunft noch besser auf Ihre Wünsche eingehen. Schreiben Sie uns, denn Ihre Meinung zählt!

Ihr TRIAS Verlag

E-Mail Leserservice
kundenservice@trias-verlag.de

Lektorat TRIAS Verlag
Postfach 30 05 04
70445 Stuttgart
Fax: 0711 89 31-748

Impressum

**Bibliografische Information
der Deutschen Nationalbibliothek**
Die Deutsche Nationalbibliothek verzeichnet
diese Publikation in der Deutschen Nationalbib-
liografie; detaillierte bibliografische Daten sind
im Internet über http://dnb.d-nb.de abrufbar.

Programmplanung: Sibylle Duelli
Redaktion: Magdalena Kieser, Stuttgart
Bildredaktion: Christoph Frick

Umschlaggestaltung und Layout:
CYCLUS Visuelle Kommunikation, Stuttgart

Bildnachweis:
Umschlagfoto: CYCLUS Visuelle Kommunikation,
Stuttgart
Fotos im Innenteil: CYCLUS Visuelle Kommunika-
tion, Stuttgart
Die abgebildeten Personen haben in keiner
Weise etwas mit der Krankheit zu tun.

2. aktualisierte Neuauflage 2014

© 2009, 2014 TRIAS Verlag in MVS
Medizinverlage Stuttgart GmbH & Co. KG
Oswald-Hesse-Straße 50, 70469 Stuttgart

Printed in Germany

Repro und Satz: Fotosatz Buck, Kumhausen
gesetzt in Adobe InDesign CS5
Druck: AZ Druck und Datentechnik GmbH,
87437 Kempten

Gedruckt auf chlorfrei gebleichtem Papier

ISBN 978-3-8304-6785-4

Auch erhältlich als E-Book:
eISBN (PDF)   978-3-8304-6786-1
eISBN (ePub) 978-3-8304-6787-8

1 2 3 4 5 6

Wichtiger Hinweis: Wie jede Wissenschaft ist die
Medizin ständigen Entwicklungen unterworfen.
Forschung und klinische Erfahrung erweitern
unsere Erkenntnisse. Ganz besonders gilt das
für die Behandlung und die medikamentöse
Therapie. Bei allen in diesem Werk erwähnten
Dosierungen oder Applikationen, bei Rezepten
und Übungsanleitungen, bei Empfehlungen und
Tipps dürfen Sie darauf vertrauen: Autoren, Her-
ausgeber und Verlag haben große Sorgfalt darauf
verwandt, dass diese Angaben dem Wissens-
stand bei Fertigstellung des Werkes entspre-
chen. Rezepte werden gekocht und ausprobiert.
Übungen und Übungsreihen haben sich in der
Praxis erfolgreich bewährt. Eine Garantie kann
jedoch nicht übernommen werden. Eine Haftung
des Autors, des Verlags oder seiner Beauftragten
für Personen-, Sach- oder Vermögensschäden ist
ausgeschlossen.

Geschützte Warennamen (Warenzeichen) werden
nicht besonders kenntlich gemacht. Aus dem
Fehlen eines solchen Hinweises kann also nicht
geschlossen werden, dass es sich um einen
freien Warennamen handelt.

Das Werk, einschließlich aller seiner Teile, ist
urheberrechtlich geschützt. Jede Verwertung
außerhalb der engen Grenzen des Urheber-
rechtsgesetzes ist ohne Zustimmung des Verlags
unzulässig und strafbar. Das gilt insbesondere
für Vervielfältigungen, Übersetzungen, Mikrover-
filmungen und die Einspeicherung und Verarbei-
tung in elektronischen Systemen.